Teoria funcionalista dos valores humanos

FUNDAMENTOS, APLICAÇÕES E PERSPECTIVAS

Valdiney Veloso
Gouveia

Teoria funcionalista dos valores humanos

FUNDAMENTOS, APLICAÇÕES E PERSPECTIVAS

© 2013 Casapsi Livraria e Editora Ltda.
É proibida a reprodução total ou parcial desta publicação, para qualquer finalidade, sem autorização por escrito dos editores.

1ª Edição	*2013*
Editor	*Ingo Bernd Güntert*
Gerente Editorial	*Fabio Alves Melo*
Coordenadora Editorial	*Marcela Roncalli*
Produção Editorial	*Casa de Ideias*

Dados Internacionais de Catalogação na Publicação (CIP)
Angélica Ilacqua CRB-8/7057

Gouveia, Valdiney Veloso
   Teoria funcionalista dos valores humanos / Valdiney Veloso Gouveia. - São Paulo : Casa do Psicólogo, 2013.

ISBN 978-85-8040-270-4

1. Psicologia social 2. Bases biológicas 3. Fundamentos do funcionalismo 4. Valores humanos I. Título

13-0046　　　　　　　　　　　　　　　　　　CDD 302.01

Índices para catálogo sistemático:
1. Psicologia social

Impresso no Brasil
Printed in Brazil

As opiniões expressas neste livro, bem como seu conteúdo, são de responsabilidade de seus autores, não necessariamente correspondendo ao ponto de vista da editora.

Reservados todos os direitos de publicação em língua portuguesa à

Casapsi Livraria e Editora Ltda.
Rua Simão Álvares, 1020
Pinheiros • CEP 05417-020
São Paulo/SP – Brasil
Tel. Fax: (11) 3034-3600
www.casadopsicologo.com.br

"Os fenômenos humanos são biológicos em suas raízes, sociais em seus fins e mentais em seus meios."

Jean Piaget

À minha esposa, Rildésia S. V. Gouveia.
Aos meus filhos Andrés Veloso Silva e Catalina Veloso Silva.

AGRADECIMENTOS

São muitas as pessoas maravilhosas com as quais convivi ou que tive a felicidade de conhecer durante minha vida, e por isso é justo agradecê-las. Primeiramente, João e Maria Bernadete, meus pais, tão importantes em minha formação, capacitando-me para enfrentar as adversidades em épocas de escassez. Sem eles eu não teria a firmeza de seguir adiante. Igualmente importante foi meu irmão (Vianey), uma referência, um homem grosseiramente gentil e impiedosamente piedoso.

Como estudante de graduação em Psicologia, não poderia esquecer a convivência com amigos – Clotilde, Eliane, Eriogenil, Manoel, Paulinho, Sandra, Solange, Socorro, Vânia – e professores – Bartholomeu, Carmen Coelho, Clênia, Cristina, Mardônio, Penha, Zandre, Zilda – da Universidade Federal da Paraíba. Também não posso esquecer os amigos (Aderson, Cláudio, Daniella, Fábio Jesus, Mário César) e professores (Jorge Mendes Castro, Júlia Abraão, Maria Alice D›Amorim) da especialização em Psicometria e mestrado em Psicologia Social da Universidade de Brasília. Nesse contexto, um agradecimento especial para os professores Hartmut Günther (extensivo à sua família) e Luiz Pasquali, responsáveis por meu ânimo em seguir adiante, espelhando-me em sua honestidade e dedicação.

No doutorado em Psicologia Social, na Universidade Complutense de Madri, não posso esquecer Eva Martínez e Miguel Angel Vidal Vasquez, assim como não poderia deixar de agradecer aos professores Miguel Clemente Díaz, José Luis Álvaro e José María Prieto, que muito contribuíram e me apoiaram. Reservo um espaço especial à María Ros García (*in memoriam*), pois foi mais do que uma professora: mesmo defendendo outra perspectiva teórica, teve a generosidade de não impedir que um jovem estrangeiro seguisse outros caminhos, incentivando-o, inclusive. Sem dúvida, foi uma grande mulher, uma pessoa admirável a quem serei eternamente devedor.

Por fim, não poderia deixar de agradecer também a todos que têm me ajudado a seguir adiante com esta teoria, especialmente a meus colaboradores, dentro e fora do Brasil, e meus orientandos de graduação ou pós. Certamente foram mais de cinco dezenas os que estiveram ao meu lado ao longo das duas últimas décadas, permitindo-me fundar o grupo de pesquisa Bases Normativas do Comportamento Social (http://vvgouveia.net). Nomeá-los não seria difícil, mas prefiro que cada um se reconheça neste espaço, sentindo meu profundo agradecimento. Alguns deles já não são mais orientandos, mas colegas de profissão, espalhados por diversas universidades brasileiras e estrangeiras. É muito gratificante saber que, de alguma forma, contribuí com sua formação.

SUMÁRIO

PREFÁCIO 13

APRESENTAÇÃO 17

INTRODUÇÃO 21

1. BASES BIOLÓGICA, EVOLUTIVA E NEUROGENÉTICA DOS VALORES 27

    1.1. Motivação e processo evolutivo. 29

        1.1.1. Teorias da motivação 30

        1.1.2. Princípios de evolução: indivíduo e sociedade. 36

        1.1.3. Necessidades, valores e evolução 45

    1.2. Correlatos neurológicos dos valores 48

    1.3. Influência genética nos valores 58

2. RELATIVISMO E UNIVERSALISMO DOS VALORES **65**

    2.1. Perspectivas temporais. 67

    2.2. Os valores humanos na história e nas culturas 70

    2.3. Estruturas universais do pensamento. 74

    2.4. Tipologias universais dos valores 77

        2.4.1. Dimensões de variação cultural 78

        2.4.2. Materialismo e pós-materialismo 81

        2.4.3. Tipos motivacionais de valores. .84

3. FUNDAMENTOS DO FUNCIONALISMO **91**

    3.1. Perspectiva psicológica do funcionalismo. .94

    3.2. Perspectiva sociológica do funcionalismo 100

    3.3. Perspectiva antropológica do funcionalismo 105

4. TEORIA FUNCIONALISTA DOS VALORES **111**

    4.1. Contexto de elaboração da teoria. 116

    4.2. Definição e diferenças conceituais 119

    4.3. Pressupostos teóricos 126

    4.4. Funções e subfunções valorativas 131

4.4.1 Primeira função dos valores: guiar os comportamentos humanos 132
4.4.2. Segunda função dos valores: dar expressão às necessidades humanas . . . 135
4.4.3. Unindo as duas funções dos valores humanos:
seis subfunções valorativas 136
4.5. Hipóteses de conteúdo e estrutura 138
    4.5.1. Conteúdo das subfunções valorativas 139
    4.5.2. Estrutura das subfunções valorativas. 146
4.6. Hipóteses de congruência e compatibilidade 147
    4.6.1. Diferenciando compatibilidade e congruência valorativa 148
    4.6.2. Graus de congruência valorativa 149
4.7. Medição dos valores humanos 152
    4.7.1. Fonte dos valores e versões dos instrumentos. 152
    4.7.2 Formato e tempo de resposta 155
    4.7.3. Parâmetros psicométricos 156

5. EVIDÊNCIAS EMPÍRICAS DA TEORIA 161

5.1. Evidências sobre o conteúdo e a estrutura dos valores 163
    5.1.1. Comprovação da hipótese de conteúdo 164
    5.1.2. Comprovação da hipótese de estrutura. 168
5.2. Evidências sobre congruência e compatibilidade dos valores 174
    5.2.1. Comprovação da hipótese de congruência. 174
    5.2.2. Comprovação da hipótese de compatibilidade. 176

6. AVANÇOS, APLICAÇÕES E DIREÇÕES FUTURAS 181

6.1. Consolidação dos fundamentos principais. 184
    6.1.1. Hipótese de conteúdo. 184
    6.1.2. Hipótese de estrutura 186
    6.1.3. Hipótese de congruência 187
    6.1.4. Hipótese de compatibilidade 189
6.2. Estado da arte e produtos 191
6.3. Aplicações do modelo 195
6.4. Programa de pesquisa 200
    6.4.1. Medidas dos valores 200
    6.4.2. Desenvolvimento em valores. 202
    6.4.3. Aspectos genéticos e neurológicos. 202
    6.4.4. Comprovação de modelos rivais 203
    6.4.5. Variações inter e intracultural 205

REFERÊNCIAS 207

APÊNDICE 237

PREFÁCIO

Os valores têm desempenhado um papel importante no âmbito de diferentes disciplinas científicas. Além de antropologia, administração, economia, ciências políticas e sociologia, a psicologia tem contribuído consideravelmente com o conhecimento acerca dos valores até os dias de hoje. No início do século passado, os psicólogos, levando em conta as raízes filosóficas, começaram a reunir esforços para apreender a complexidade do conceito de *valor* (Urban, 1907). Cerca de duas décadas depois, os primeiros estudos empíricos teoricamente embasados complementaram tais esforços (Allport & Vernon, 1931). Outros autores se juntaram (por exemplo, Morris & Jones, 1955), mas foi depois dos anos 1970 que as pesquisas sobre os valores ganharam importância. Se isso pode ser atribuído à pesquisa pioneira de Rokeach (1973) ou foi unicamente um reflexo do chamado *zeitgeist*, não se pode saber. Seja como for, nas duas décadas seguintes pesquisadores com formações profissional e científica bastante diferentes promoveram e incentivaram as pesquisas empíricas sobre os valores, a exemplo de Geert Hofstede, Ronald Inglehart e Shalom Schwartz, que foram alguns dos protagonistas mais proeminentes e centrais (por exemplo, Braithwaite & Scott, 1991).

Apesar do que foi comentado anteriormente, seríamos míopes se atribuíssemos o progresso nas pesquisas sobre valores a apenas algumas abordagens de destaque, ou mesmo se acreditássemos que as questões principais relacionadas aos valores e a seu impacto em nossas vidas já tivessem sido respondidas satisfatoriamente. Ao contrário: quanto mais perguntas respondemos, mais se nos apresentam. Nesse contexto, o pior que podemos fazer é persistir complacentemente com nossas posições bem estabelecidas – mesmo quando elas demonstrem ser teoricamente sólidas e/ou empiricamente bem fundadas – e ignorar possíveis alternativas. Isso é verdade porque não existe a melhor perspectiva sobre determinado construto ou problema particular, e, consequentemente, não existe uma única teoria abrangente que substitua outras conceituações. Em vez disso, a sobreposição parcial entre as teorias, de um lado, e sua contribuição única para explicar o comportamento humano, de outro, asseguram o progresso na ciência – juntamente com a rivalidade de seus proponentes baseada em evidências. No fim das contas, a utilidade teórica e prática de qualquer teoria depende de sua comprovação empírica repetida e sistematicamente.

Quando encontrei Valdiney V. Gouveia pela primeira vez, cerca de uma década atrás, fiquei ao mesmo tempo surpreso e de algum modo cético com sua meta ambiciosa de apresentar uma teoria autossuficiente dos valores humanos. Algumas dessas reservas resultaram, é claro, de nossos problemas mútuos para comunicar nossas ideias de forma inequívoca, seja em inglês ou espanhol; outras foram mais básicas e deram origem a intensas e frutíferas discussões. Desde então, tenho acompanhado as pesquisas de Gouveia e suas publicações. A partir do que li, percebi que ele elaborou e reuniu evidências de validade de sua abordagem conceitual de forma consequente e eficiente ao longo do tempo. Portanto, concordei de bom grado em escrever este prefácio quando ele me fez essa proposta. Depois de ler o manuscrito inteiro, tive a chance de confirmar a minha impressão geral positiva de suas pesquisas sobre os valores humanos: o livro de Gouveia está escrito de forma concisa, oferecendo uma visão adequada da base conceitual de sua abordagem e um esboço consequente de sua teoria. Além disso, a parte conceitual de seu livro é apoiada e suportada por um número notável de estudos bem delineados, que se complementam de forma convincente. Finalmente, abre espaço para discussões controversas que devem estimular tanto suas pesquisas e estudos acerca da estrutura dos valores e das preferências valorativas como aquelas de outros pesquisadores.

Em outras palavras, procurando oferecer uma conclusão mais pessoal, afirmo que ganhei muito com a leitura do livro de Valdiney V. Gouveia e, portanto, posso recomendá-lo como um excelente sumário de pesquisas teoricamente fundamentadas, reunindo dados empíricos substanciais sobre os valores humanos e merecendo nossa atenção sem reservas.

28 de novembro de 2012

Wolfgang Bilsky
Westfälische Wilhelms-Universität Münster, Alemanha

APRESENTAÇÃO

Este livro mostra o quanto a psicologia social evoluiu no Brasil nas últimas décadas. Em 1966, quando voltei dos Estados Unidos com PhD em psicologia social, encontrei dificuldades enormes para despertar o interesse de meus alunos, e até mesmo de muitos de meus colegas, para uma abordagem científica dessa área. A ênfase na importância de guiar a investigação em psicologia social pela sequência preconizada pelo método científico [teorização → hipóteses → teste empírico das mesmas (aceitação ou rejeição) → possibilidade de generalização] não era considerada necessária ou mesmo desejável, pois, na concepção dominante à época, ela seria mais bem servida por um enfoque mais filosófico, mais sociológico e mais político. Em psicologia social, embora haja espaço para reflexões filosóficas – e a sociologia e a atividade política sejam também a ela relacionadas –, a descoberta das variáveis sociais que influenciam no comportamento interpessoal deve, a meu ver, ser guiada pelo método científico brevemente esquematizado acima.

Essa abordagem na tentativa de compreender o comportamento interpessoal, seguida quase universalmente, tinha poucos adeptos no cenário da psicologia social brasileira que conheci nas décadas de 1960, 1970 e 1980. Junto com alguns colegas, esforcei-me para difundi-la e torná-la mais aceita entre meus pares e alunos. Até deixar o Brasil e decidir continuar minha carreira nos Estados Unidos, minha impressão era de que os esforços despendidos por mim e por um pequeno número de colegas que pensavam da mesma maneira tinham sido, na melhor das hipóteses, parcialmente recompensados.

A leitura do livro do Professor Valdiney V. Gouveia sobre a *teoria funcionalista dos valores* me trouxe uma alegria enorme. Nele, pude ver o quanto evoluiu a psicologia social brasileira nas últimas décadas. Trata-se de um livro que mostra não apenas a invejável erudição do autor, como também sua formação científica e sua visão da importância de integrar em sua atividade científica a teoria, a verificação empírica das hipóteses dela derivadas e as aplicações concretas que propiciam.

A finalidade do livro é apresentar uma teoria parcimoniosa e cientificamente fundamentada sobre o sistema de valores que guia o comportamento humano. A premissa básica da teoria é a de que os valores servem às funções de "guiar os comportamentos" e "representar cognitivamente as necessidades humanas". Durante duas décadas, o autor analisou o conhecimento existente sobre valores, aproveitou o que nele encontrou de positivo, rejeitou o que considerou inadequado, elaborou sua própria *teoria funcionalista dos valores*, desenvolveu instrumentos de medida, submeteu-a a rigoroso teste empírico em dezenas de países com milhares de participantes e, evidenciando o grande valor heurístico de sua teoria, serviu de inspiração a um grande número de estudantes de pós-graduação que a utilizaram em suas dissertações e teses, tanto no Brasil como em outros países.

As provas apresentadas em apoio das duas funções básicas da teoria, bem como das seis subfunções decorrentes da interação daquelas, são inequívocas. Pode-se debater alguns dos axiomas em que a teoria se apoia (por exemplo, Freud não gostaria da admissão de que a natureza humana é benévola...), mas as proposições teóricas que se seguem às premissas endossadas pelo autor são ampla e convincentemente ratificadas por numerosos estudos empíricos.

Teorias são necessárias à atividade científica porque: (1) dão coerência ao conhecimento existente e (2) permitem fazer predições que, quando confirmadas, possibilitam sua aplicação a situações concretas da vida real. A teoria funcionalista dos valores apresentada neste livro faz exatamente isto.

Este livro nos mostra um trabalho extremamente sério, muito erudito e de enorme envergadura, que deverá constituir-se leitura obrigatória para todas as pessoas interessadas no estudos dos valores. O público-alvo é, sem dúvida, profissionais e pesquisadores na área das ciências humanas e sociais e estudantes de pós-graduação. Entretanto, quem tiver interesse em conhecer o papel que os valores desempenham em nosso dia a dia poderá omitir os aspectos técnicos da obra e concentrar-se nas informações relativas à formação e às funções dos valores.

Finalmente, a psicologia social no Brasil está de parabéns por possuir em seu quadro de pesquisadores pessoas que, como o Prof. Valdiney V. Gouveia, são capazes de contribuir de maneira tão significativa para o desenvolvimento dessa ciência neste país e no resto do mundo.

31 de agosto de 2012

Aroldo Rodrigues
Fresno, California State University

INTRODUÇÃO

Os valores são um tema inerente à vida cotidiana. Educadores, gestores, pais, pesquisadores e políticos, por exemplo, os têm em conta em suas atividades diárias, discutindo seu papel ou ponderando seus efeitos. Portanto, parece pouco provável que alguém consiga tratar questões educacionais, gerenciais, políticas e sociais sem se referir aos valores das pessoas envolvidas. Dessa forma, justifica-se a atenção dispensada à temática dos valores humanos. Porém, a análise empreendida aqui é específica: não se assume um valor como uma propriedade de um objeto, ideia ou coisa, mas como um critério que orienta as pessoas em suas atitudes e comportamentos do dia a dia. Essa perspectiva em psicologia teve consolidação, sobretudo, a partir da obra *The nature of human values*, de Rokeach, publicada em 1973. Concretamente, este livro apresenta uma teoria específica dos valores, cuja primeira versão foi difundida na segunda metade dos anos 1990 (Gouveia, 1998), e desde então empregada para explicar atitudes e comportamentos no Brasil (Lauer-Leite, 2009; Santos, 2008) e em outros países (Böer, 2009; Guerra, 2009).

A versão vigente da *teoria funcionalista dos valores humanos* vem sendo desenvolvida ao longo da última década (Ardila, Gouveia, & Medeiros, 2012; Gouveia, 2003, 2005; Gouveia et al., 2010; Gouveia, Fonseca, Milfont, & Fischer, 2011; Gouveia, Milfont, Fischer, & Coelho, 2009; Gouveia, Milfont, Fischer, & Santos, 2008; Gouveia, Milfont, Soares, Andrade, & Lauer-Leite,

2011). Representa uma tentativa de focar o aspecto funcional dos valores humanos, construindo um marco axiomatizado diferente, mas não contrário aos modelos previamente propostos (Inglehart, 1991; Schwartz, 1992).

Essa teoria considera dois aspectos principais: (1) *conteúdo e estrutura* e (2) *congruência e compatibilidade* dos valores. O primeiro aspecto tem reunido mais suporte na literatura (Medeiros, 2011; Gouveia *et al.*, 2011), porém, o segundo começa a despertar interesse, principalmente no que se refere à compatibilidade dos valores (Gouveia *et al.*, 2009; Lima, 2012). Neste livro, a intenção é mostrar os fundamentos e oferecer evidências sobre esses dois aspectos da teoria.

Como o próprio título sugere, este livro não pretende unicamente reunir evidências empíricas sobre hipóteses específicas derivadas dessa teoria. Procura também expandir a compreensão acerca da abordagem teórica proposta, tratando de esclarecer aspectos nunca antes considerados. Medeiros (2011), por exemplo, testou a teoria, mas não fez qualquer acréscimo em seu conteúdo, estruturando-a segundo o que tinha sido publicado até então. Portanto, desde sua versão original (Gouveia, 1998), oferece-se agora, nesta oportunidade, uma elaboração mais profunda da teoria, introduzindo concepções adicionais e aprimorando conceitos admitidos.

Além dos desenvolvimentos teóricos introduzidos, procura-se também estruturar as evidências que dão suporte à teoria. Portanto, tem-se em conta não apenas estudos desenvolvidos no contexto brasileiro, mas também aqueles de diversos países em que essa teoria e a medida correspondente foram empregadas, a exemplo de Cabo Verde, Canadá, Macedônia, Noruega, Nova Zelândia, Portugal e Taiwan. Nesse sentido, são resumidos achados que apoiam as hipóteses de conteúdo e estrutura dos valores, além de oferecer informações específicas sobre aquelas de congruência e compatibilidade considerando estudos dos diversos países, incluindo o Brasil, tanto aqueles de pesquisas com questionários impressos como por meio da internet.

Os avanços teóricos e as evidências empíricas são elementos principais deste livro, porém não são os únicos ou mais fundamentais. Portanto, apresentam-se também as perspectivas que embasam essa teoria, assim como são oferecidas direções sobre projetos futuros, possibilidades e demandas de estudos no âmbito dos valores humanos, suas múltiplas formas de medição e suas aplicações possíveis em diversas áreas da psicologia, como ambiental, clínica, escolar, jurídica, organizacional e social.

Este livro se apresenta em seis capítulos. O Capítulo 1, "Bases biológicas, evolutivas e neurogenéticas dos valores", apresenta os estudos que evidenciam que os valores têm uma base motivacional e um componente biológico correspondendo a regiões cerebrais específicas, além de mostrar um atributo genético que não é determinante, mas contribui para explicar seu compartilhamento na família.

O Capítulo 2, "Relativismo e universalismo dos valores", trata da natureza relativa e universal dos valores, justificando a variação do conteúdo, mas não de sua estrutura. Indica, ainda, a natureza permanente de um coro de valores, apesar de seu rearranjo em detrimento de características pessoais e/ou contextos sociais. O Capítulo 3, "Fundamentos do funcionalismo", resgata o sentido do funcionalismo para se referir a valores, mostrando as concepções subjacentes e a importância desse conceito que não se restringe à psicologia, ganhando sentido, sobretudo, na antropologia e sociologia.

No Capítulo 4, "Teoria funcionalista dos valores", introduz-se propriamente a teoria de interesse, apresentando primeiramente o conceito funcionalista de valores e diferenciando-o de outros construtos. Em seguida, descrevem-se as funções e subfunções valorativas, articulando-as em termos das hipóteses propostas pela teoria e destacando também a medida empregada e seus parâmetros psicométricos.

O Capítulo 5, "Evidências empíricas da teoria", descreve resultados de pesquisas em que foram testados a estrutura, o conteúdo, a congruência e a compatibilidade dos valores humanos, segundo o que estabelece essa teoria. Por fim, o Capítulo 6, "Avanços, aplicações e direções futuras", retrata o estado da arte atual da teoria, mostrando seu potencial aplicativo e delineando rumos que poderão ser tomados.

Pretende-se aqui, pois, apresentar os fundamentos da Teoria Funcionalista dos Valores Humanos, tornando mais claros os pressupostos admitidos e sua perspectiva psicológica. Embora seja possível pensar os valores humanos a partir de áreas diferentes, como antropologia (Kluckhohn, 1951), direito (Reale, 2002), filosofia (Kant, 1781/2001) e sociologia (Parsons & Shils, 1951/1968), a ênfase principal da teoria proposta aqui é psicológica, admitindo os valores como princípios-guia de indivíduos concretos.

Isso não significa, entretanto, uma renúncia à natureza social e cultural dos valores, que servem em alguma medida para assegurar o ajuste do indivíduo e a continuidade da sociedade. Os capítulos que seguem, portanto, culminam com a apresentação da teoria, resgatando aspectos que têm sido, ao menos implicitamente, admitidos nas diversas publicações a respeito (Gouveia *et al.*, 2008, 2009, 2010).

Como primeiro passo, evidencia-se a origem biológica dos valores como contemplada em sua fonte: as necessidades humanas. Porém, procura-se ir mais além, fazendo perceber que há fundamentos genéticos para as orientações axiológicas, que não se limitam, como sugerem alguns trabalhos, ao processo de socialização vertical (pais em relação aos filhos) ou horizontal, quer na dimensão interpessoal (pares de amigos) ou societal (pertença a grupos e instituições, como igreja, escola) (Kohn, 1969/1977; Molpeceres, 1994; Rudy & Grusec, 2001).

São igualmente apresentadas as fundamentações para a universalidade dos valores, que tem sido sugerida (Rokeach, 1973) e comprovada (Schwartz, 2006). Nesse sentido, procura-se mostrar como os valores podem variar em conteúdo, mas a estrutura subjacente é presumivelmente universal. Esse aspecto será fundamental para defender a concepção de funções e subfunções valorativas. Além disso, possibilitará compreender a ideia de que os valores não se limitam ao tempo e espaço, pois eles têm sido praticamente os mesmos em sociedades primitivas, tradicionais, modernas e pós-modernas. Assim, o coro de valores é praticamente o mesmo, reordenando-se em razão de características fenotípicas dos indivíduos ou demandas sociais prementes.

A perspectiva funcionalista tem sido admitida para os valores (Rokeach, 1973) assim como outrora fora para as atitudes (Katz, 1960). Porém, nenhuma abordagem concreta tinha sido até então desenvolvida com respeito aos valores. Nesse âmbito, o sentido do funcionalismo, que não se limita a uma abordagem psicologizante, também não tinha sido previamente resgatado. Resgatam-se ainda as concepções antropológica e sociológica do funcionalismo, mostrando o papel dos valores dos indivíduos no contexto social. Esse aspecto é crucial para justificar as dimensões funcionais propostas, mostrando ainda sua relação com as necessidades humanas e orientações cognitivas.

O antepenúltimo capítulo apresenta especificamente a *teoria funcionalista dos valores*. Descritos seus fundamentos, abrem-se as possibilidades para diferenciar os valores de outros construtos, conceituá-los, identificar as principais dimensões a partir das quais se estruturam e como as subfunções podem ser representadas por múltiplos valores ou marcadores valorativos, o que permite enfocar seus conteúdos. São abordadas também a congruência e a compatibilidade dos valores, introduzindo novos conceitos que representam um avanço na literatura, indo além, por exemplo, da concepção de Schwartz (1992) de compatibilidade e conflito dos valores.

Os capítulos prévios estabelecem o marco principal de referência da teoria que se descreve, permitindo reconher o sentido de os valores serem princípios de orientação de indivíduos, biologicamente fundamentados, porém com vinculação forte com o contexto cultural, que transcendem situações específicas e se diferenciam de outros construtos, sendo universais e permitindo explicar atitudes e comportamentos, principalmente aqueles de natureza social. O penúltimo capítulo, entretanto, procura reunir evidências empíricas que dão apoio à *teoria funcionalista dos valores*, levando em conta tanto estudos realizados no Brasil como aqueles que tiveram origem em outros países.

O último capítulo compreende uma tentativa de sintetizar os avanços alcançados com a teoria em questão, definindo também áreas potenciais de aplicação, sempre que possível retratando os estudos já realizados ou em andamento, e traçar direções que as pesquisas poderão tomar diante dessa perspectiva. A propósito, esse capítulo se apresenta como a consolidação da teoria, mas também como a configuração de uma agenda de pesquisas e trabalhos que poderão ser desenvolvidos.

Finalmente, não se pretende propor uma nova teoria dos valores humanos. De fato, a intenção é aprimorar a teoria existente, elaborando mais detalhadamente alguns conceitos e reunindo dados de pesquisas que têm sido feitas na última década, refletindo meu empenho, junto com meu grupo, em contribuir com a psicologia social no campo dos valores.

São reconhecidos modelos cujas evidências empíricas alcançam mais países, como os que propõem Inglehart (1991) e Schwartz (1992). Porém, procura-se justificar que, embora mais recente, a teoria proposta parece dar sinais de adequação, não apenas no contexto brasileiro (Böer, 2009; Gouveia *et al.*, 2010; Guerra, 2009; Medeiros, 2011; Santos, 2008). Suas características de parcimônia e integração, confia-se, serão evidentes no decorrer desta obra; sua base axiomatizada será indicada, esclarecendo conceitos e introduzindo outros apenas aludidos previamente, reforçando seu potencial explicativo.

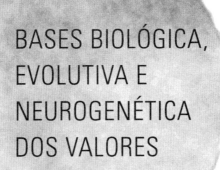

1 BASES BIOLÓGICA, EVOLUTIVA E NEUROGENÉTICA DOS VALORES

Aqui será apresentada a origem biopsicológica dos valores humanos. Inicialmente serão abordadas as motivações (necessidades) humanas como base desses valores, discutindo aquelas que podem ser consideradas comuns à espécie, por existirem há centenas de anos no transcurso da evolução do indivíduo e da sociedade, explicando a perenidade dos valores. Em seguida, descrever-se-á a natureza neuropsicológica dos valores, indicando sua correspondência com áreas específicas do cérebro. Por fim, serão resgatadas evidências de que os valores possuem conteúdos que se reconhecem em diversos contextos, apesar de sua manifestação potencialmente depender da cultura, tendo um componente de herança genética, explicando seu compartilhamento, por exemplo, por gêmeos monozigóticos.

1.1. MOTIVAÇÃO E PROCESSO EVOLUTIVO

Embora motivação e necessidade não sejam sinônimos, há uma relação muito forte entre tais conceitos, de modo que as necessidades costumam ser tratadas no contexto das teorias motivacionais (Ronen, 1994). A motivação tende a desencadear comportamentos para satisfazer as necessidades; ela representa as forças que agem no indivíduo e produzem a ativação, direção e persistência voluntária para alcançar determinada meta.

No início do século XX, a motivação era compreendida em termos exclusivos dos instintos, sugerindo que o ser humano era basicamente programado para se comportar de determinado modo, dependendo das circunstâncias a que fossem expostos (McClelland, 1961). Entretanto, o foco mudou, incluindo perspectivas mais humanistas e cognitivistas. A seguir estão resumidas quatro das principais teorias da motivação que enfocam seu conteúdo: as necessidades.

1.1.1. Teorias da motivação

As principais teorias da motivação têm enfatizado as forças internas (*drives*) que potencializam e guiam o comportamento do indivíduo. Concretamente, a motivação é descrita como o produto de tais forças que fazem a pessoa agir ou se mover em direção à satisfação de suas necessidades. As quatro teorias mais influentes e aceitas são:

Teoria da Hierarquia das Necessidades: proposta no início da década de 1940 (Maslow, 1943a), essa teoria se destacou nos anos 1950 a partir da publicação de *Motivation and Personality* (Maslow, 1954). Elaborada em contexto clínico, ela é centrada na concepção de uma hierarquia de necessidades, principiando com aquelas consideradas fisiológicas, de segurança, pertencimento, estima e, finalmente, autorrealização. Seria a necessidade de nível mais alto, compreendendo que toda pessoa deveria caminhar em direção à autorrealização, dada a natureza benevolente do ser humano. O conjunto dessas necessidades pode ser descrito da seguinde maneira: (1) necessidades fisiológicas: compreendem as mais básicas, incluindo comer, beber, dormir e aquelas fundamentais para a sobrevivência do indivíduo; (2) necessidades de segurança: envolvem um ambiente físico próprio, estabilidade e ser livre de desconforto emocional; (3) necessidades de pertencimento: incluem o desejo de ter amigos, amor e aceitação em seu contexto social; (4) necessidades de estima: correspondem à obtenção do respeito próprio e aquele que deriva da avaliação dos demais; e, finalmente, (5) necessidades de autorrealização: implicam em realizar o potencial próprio do indivíduo, por exemplo, exercitando a criatividade e procurando ser a melhor pessoa possível.

Quando alguma dessas necessidades não está satisfeita, o comportamento é motivado para alcançá-la, sugerindo seu princípio de hierarquia: as necessidades mais baixas (fisiológicas, segurança) precisam ser satisfeitas antes de as necessidades de ordem superior (estima, autorrealização) serem perseguidas.

Teoria Motivacional Triádica: foi desenvolvida no contexto organizacional (Alderfer, 1972), defendendo que a motivação pode ser alcançada por meio da satisfação das necessidades dos trabalhadores. Pode ser entendida como uma síntese da teoria maslowniana, embora mais parcimoniosa. Admite unicamente três níveis hierárquicos de necessidades, com uma forte conexão com a tipologia anterior: (1) Existência (necessidades fisiológicas e de segurança), (2) Relacionamento (pertencimento e estima) e (3) Crescimento (autorrealização). Diferentemente da teoria de Maslow (1954), essa teoria não sugere que o nível mais baixo das necessidades precisa ser satisfeito completamente antes de as necessidades superiores desempenharem um papel motivador. Ela sugere igualmente que, se um indivíduo é continuamente incapaz de alcançar uma necessidade de um nível superior, as necessidades de nível mais baixo se tornarão determinantes de sua motivação.

Teoria Bifatorial de Herzberg: o autor se preocupou com fatores que provocam atitudes positivas e negativas frente ao trabalho. Partindo de dados empíricos com trabalhadores, ele identificou dezesseis fatores, que foram organizados em dois grupos: *necessidades higiênicas* e *necessidades motivadoras* (Herzberg, Mausner, & Snyderman, 1959), em um paralelismo com o modelo de Maslow (1954). As necessidades higiênicas são mais básicas, também conhecidas como "extrínsecas", pois se localizam no ambiente que rodeia as pessoas e abrangem as condições dentro das quais elas desempenham seu trabalho. Estão fora de seu controle, compreendendo necessidades de contexto (por exemplo salário, benefícios sociais, tipo de chefia, condições de trabalho).

Por outro lado, as necessidades motivadoras, de nível mais alto, são também denominadas "intrínsecas", uma vez que estão relacionadas com o conteúdo do cargo e a natureza das tarefas a serem executadas. Essas necessidades estão sob controle do indivíduo, pois se relacionam com aquilo que ele faz e desenvolve, envolvendo sentimentos de crescimento individual, reconhecimento profissional e autorrealização, e dependem das tarefas que o indivíduo faz em seu trabalho. Herzberg sugere que a satisfação das necessidades de nível mais baixo (higiênicas) não motiva os indivíduos a se esforçarem, apenas os previnem de se sentir insatisfeitos. São as necessidades de nível mais elevado que têm o potencial de motivá-los.

Teoria das Necessidades Aprendidas: o livro *The achieving society*, de McClelland (1961), consolidou e divulgou a teoria de que existem necessidades aprendidas e socialmente adquiridas a partir da interação com o ambiente. Assim, o indivíduo aprenderia necessidades de sua cultura, que abrigaria três tipos primários de tais necessidades: *afiliação, poder* e *realização*.

As necessidades de afiliação evidenciam o desejo de estabelecer relacionamentos pessoais próximos, fazer amizades e evitar conflitos; compreendem necessidades sociais, de companheirismo e apoio para o desenvolvimento de relacionamentos significativos com pessoas. As necessidades de poder expressam o desejo de influenciar ou controlar as pessoas, ser responsável por elas e ter autoridade sobre elas; descrevem, pois, necessidades de dominar, influenciar ou controlar pessoas. As necessidades de realização, por sua vez, se traduzem no desejo de alcançar algo difícil, exigindo um padrão de sucesso, domínio de tarefas complexas e superação de outras. Os indivíduos se movem, sobretudo, com a intenção de obter uma avaliação positiva dos demais. Essa teoria também guarda relação estreita com a maslowniana (necessidade de pertencimento e necessidade de afiliação; necessidade de estima e necessidade de poder). Talvez o aspecto principal dessa teoria esteja relacionado à noção de que, quando uma dessas necessidades é forte em uma pessoa, ela tem o potencial para motivar o comportamento que gera sua satisfação.

Como citado anteriormente, essas são as principais teorias da motivação cujo foco é o conteúdo (as necessidades humanas principais). Têm sido propostos modelos alternativos a partir de diferentes contextos (por exemplo, clínico, educacional, organizacional), fundamentados em correntes diversas (psicanálise, comportamentalismo, cognitivismo) e focando múltiplos aspectos (expectativas, equidade) (Anastasia, Kuhl, & Sorrentino, 2001; Nakanishi, 2002).

Entretanto, como o foco principal dos valores humanos são as necessidades, elas serão destacadas. Essas teorias parecem retratar motivadores bastante congruentes, como é possível observar na Figura 1.

Teorias da motivação humana			
Maslow	Alderfer	Herzberg	McClelland
Autorrealização	Crescimento	Motivadora	Realização
Estima			Poder
Social	Relacionamento		
Segurança	Existência	Higiênica	Afiliação
Fisiológica			

(Eixo vertical: Necessidades)

FIGURA 1. Identificando necessidades em teorias motivacionais de conteúdo.

De acordo com a figura, a tipologia de Maslow (1954) se mostra como a mais inclusiva e, ao mesmo tempo, que trata de diferenciar tipos específicos de necessidades, partindo das mais baixas até chegar às mais elevadas. Sua classificação das necessidades parece consensual na literatura, embora sua hipótese de hierarquia rígida, implicando que apenas tem lugar uma necessidade mais elevada quando outra inferior tenha sido alcançada, não se sustenta. De fato, Alderfer (1972) já a questionava, e o coro dos que se opuseram, em razão de evidências empíricas contraditórias, insistem nesse frágil aspecto da teoria (Heylighen, 1992; Neher, 1991).

Apesar de parecer evidente que existam níveis diferentes de necessidades, contemplando as mais básicas e elevadas, em algumas oportunidades, questiona-se o número necessário de necessidades que representam o universo motivacional humano. Na Figura 1, por exemplo, admitem-se duas, três e cinco necessidades. Mais recentemente, e considerando os desenvolvimentos na biologia, antropologia e psicologia evolucionistas, Kenrick, Griskevicius, Neuberg e Schaller (2010) propuserem revisar a tipologia maslowniana. Nessa direção, preservaram a ideia de pirâmide das necessidades, porém fizeram desdobramentos de sua estrutura.

Concretamente, entre as modificações que sugeriram ao menos três se destacaram: (1) estes autores rejeitaram a ideia de que as necessidades de um nível mais baixo, uma vez alcançadas, dão lugar àquelas de ordem superior; eles não admitem, pois, a substituição de necessidades, descrevendo que, uma vez que estas têm lugar, seguirão sendo importantes no decorrer da vida, sendo disparadas toda vez que estímulos ambientais relevantes se façam salientes; (2) eliminaram a necessidade de autorrealização, considerando que, embora ela possa ser importante psicologicamente, é improvável que seja funcionalmente distinta de outras necessidades; e (3) propuseram três outras necessidades: aquisição de companheiro, retenção de companheiro e cuidados com os filhos.

Kenrick *et al.* (2010) introduziram conceitos e ideias novas para melhor compreender a base motivacional do comportamento humano, focando as necessidades. Sua proposta teórica está centrada, principalmente, em discutir a hierarquia motivacional considerando três aspectos explicativos: (a) funções evolucionistas (explicações dirigidas à proposta adaptativa última do comportamento do indivíduo), (b) desenvolvimento ontogênico (foca os eventos que sensibilizam o organismo para estímulos ambientais específicos) e (c) determinantes proximais (focam os fatores predisponentes ou que dão origem a determinado comportamento). Com certeza esse esboço teórico poderá suscitar debates frutíferos na área, resgatando a discussão acerca de uma tipologia universal das necessidades humanas.

Apesar do que foi comentado anteriormente, surgiram algumas críticas à proposta desses autores. Kesebir, Graham e Oishi (2010), por exemplo, reconheceram sua contribuição importante, fundamentada principalmente na biologia e psicologia evolucionistas. Porém acentuaram que, no geral, faltou pensar as necessidades por uma perspectiva mais humana, menos animal. Eles lembram que essa forma de tratar o tema não é recente, e o próprio Maslow (1943b), ao propor sua teoria, demandava que a "teoria motivacional precisava ser antropocêntrica, em lugar de animalcêntrica" (p. 89).

Parece mesmo evidente que o modelo de Kenrick *et al.* (2010), apesar de bem fundamentado com achados empíricos consistentes, toma como referência necessidades básicas, resultantes de estudos em psicologia experimental animal, como fome e sexo. A propósito, seus exemplos, referindo-se majoritariamente a infra-humanos, reforçam essa percepção; o sexo e os motivos que os envolvem ganham destaque considerável, deixando de ser necessidades básicas para dar origem àquelas de ordem superior. Acerca disso, esses autores comentam que "a motivação sexual deveria ser tratada distintamente de necessidades básicas de sobrevivência, como a fome, ocupando uma posição diferente na hierarquia." (p. 296).

Em resumo, existem diversas teorias motivacionais que, focando o *conteúdo*, propõem tipologias variadas sobre as necessidades. Os trabalhos de Maslow (1943a, 1943b, 1954), não obstante, ganharam destaque como principal referência, inclusive recebendo atenção em ensaios mais recentes (Kenrick *et al.*, 2010; Kesebir *et al.*, 2010). No entanto, há menos consenso em torno de uma hierarquia das necessidades, especificamente como elas se apresentariam: (a) satisfeita uma necessidade inferior, passa-se a uma de nível mais elevado (Maslow, 1954); (b) uma necessidade superior pode motivar o comportamento, mesmo que uma inferior não tenha sido alcançada

(Alderfer, 1972); e (c) uma necessidade inferior não é substituída por aquela de nível mais elevado. Admite-se que, uma vez que as necessidades são ativadas, elas continuarão a orientar o comportamento dos indivíduos durante sua vida (Kenrick *et al.*, 2010). Entretanto, aqui nos interessa menos a maneira como as necessidades se hierarquizam, o principal é identificar um conjunto delas que sirva de base para fundamentar os valores humanos como sua representação cognitiva.

1.1.2. Princípios de evolução: indivíduo e sociedade

Diante da apresentação acima, pareceu evidente que o processo evolutivo é crucial para compreender as necessidades, embora possa receber enfoques variados, centrando-se mais no indivíduo biológico (Kenrick *et al.*, 2010) ou social (Welzel & Inglehart, 2010). Nesse ponto, é importante conhecer aspectos principais de um e outro enfoque, permitindo compreender como os valores são pensados neste marco teórico. Agora o interesse é mostrar processos que possam estar envolvidos na concepção admitida de evolução a partir de uma perspectiva psicológica.

Em psicologia, tem se desenvolvido uma área promissora denominada Psicologia Evolucionista, que procura explicar como alguns traços ou construtos psicológicos, como personalidade, agressão e relações interpessoais, resultam de um processo evolutivo, adaptativo. Basicamente, o objetivo é entender como tais traços evoluíram a partir de adaptações, isto é, correspondem a produtos funcionais de seleção natural e sexual. Para isso, aplicam-se os mesmos processos da biologia evolucionista para compreender os aspectos psicológicos dos comportamentos das pessoas. Assim, admite-se que muitos desses comportamentos resultam de adaptação psicológica, representando a evolução decorrente da resolução de problemas recorrentes no ambiente ancestral humano (Barkow, Cosmides, & Tooby, 1992; Buss, 2004).

Essa vertente sugere que comportamentos ou traços que são universais, presentes em todas as culturas, são fortes candidatos a terem resultado de adaptações da evolução humana, como a tendência a cooperar com os demais (Boyd, Gintis, Bowles, & Richerson, 2003), a compaixão (Goetz, Keltner, & Simon-Thomas, 2010) e a moral (Cosmides & Tooby, 2004). A explicação de traços psicológicos a partir do processo de adaptação é apenas uma das possíveis, porém, certamente é a que mais se aproxima da natureza humana como não estritamente biológica, envolvendo elementos sociais e culturais. Na Figura 2 está um esquema de perguntas e explicações que têm sido formuladas a partir da perspectiva biológica, fundamentando a análise evolucionista (Nesse, 2009).

Como em qualquer classificação, as quatro categorias não são puras ou estanques. Questões evolucionistas, por exemplo, podem demandar explicações em termos filogenéticos ou adaptativos, resultando na ênfase em processos de mudança ou em características específicas, respectivamente, que contribuirão na hora de entender o comportamento das pessoas. Entretanto, o interesse aqui recai na *adaptação* da espécie, implicando a procura de respostas sobre os valores que as pessoas apresentam, que parecem universais (Schwartz, 2005), provavelmente cumprindo funções específicas no contexto em que os indivíduos estão inseridos.

Como asseveram Kenrick *et al.* (2010), em um nível mais amplo, a abordagem evolucionista implica que todo comportamento é orientado para metas, resultado de adaptações psicológicas delineadas por meio da seleção natural como forma de lidar com ameaças e oportunidades recorrentes. Por outro lado, em um nível mais específico, ela indica que, se alguém observa um padrão recorrente de comportamento em um organismo, provavelmente isso reflete a operação de mecanismos selecionados por aumentarem o sucesso reprodutivo de seus ancestrais.

Em termos mais técnicos, isso implica que todos os organismos vivos têm sido selecionados para promover seu *ajuste inclusivo*, o que representa o êxito em passar seus genes para gerações futuras – uma ideia bem fundamentada do gene egoísta (Dawkins, 1990).

As quatro áreas da biologia	Objetos de explicações	
	Desenvolvimentista/ histórica Explicação de formas correntes em termos de uma sequência	**Forma única** Explicação de uma forma de uma espécie
Tipos de Questões / **Proximal** Explica como os organismos funcionam, descrevendo suas estruturas, seus mecanismos e sua ontogenia	**Ontogenia** Descrição do desenvolvimento do organismo, o código genético (DNA) e estágios diferentes da vida **Explicações desenvolvimentistas** para a sequência de mudanças no indivíduo durante sua vida	**Mecanismo** Descrição da estrutura de um organismo e como seus mecanismos funcionam **Explicações mecanicistas** para o que são as estruturas do organismo e como elas funcionam
Evolucionista Explica por que os organismos são como se apresentam, descrevendo como eles selecionam formas recorrentes compartilhadas e sua filogenia	**Filogenia** Descrição da história de uma espécie como reconstruída de fósseis de seus ancestrais e evidências do DNA **Explicações filogenéticas** para a sequência de mudanças de uma espécie através do tempo	**Adaptação** Explicações para as características de uma espécie baseadas em como elas asseguram uma vantagem seletiva **Explicações evolucionistas** para explicar por que um organismo é da forma que se apresenta

FIGURA 2. Quatro questões básicas de Tinbergen.

No plano motivacional, considera-se como uma motivação particular pode ser conectada a um problema adaptativo recorrente, sendo que a solução poderia ser expressa em termos funcionais para o processo adaptativo: serviria a um propósito de sobrevivência ou reprodutivo (Kenrick *et al.*, 2010). Por exemplo, para sobreviver a um ambiente hostil, os seres humanos precisam estabelecer vínculos com outros indivíduos, sendo capazes, ao mesmo tempo, de tomar decisões sobre sua própria sobrevivência pessoal, resistir a ameaças grupais e contar com um controle interno adequado para manejar as múltiplas interações sociais (Baumeister, 2005; Tooby & Cosmides, 1990).

Portanto, a demanda é a ação autônoma, mas sem desconsiderar sua pertença aos múltiplos grupos, procurando assegurar uma convivência harmoniosa, mas sem se neutralizar. Demanda-se, igualmente, ter em conta necessidades que, uma vez não satisfeitas, podem ameaçar a sobrevivência do indivíduo, de seu grupo social imediato e da espécie humana, tais como as biológicas (comida, água) e sociais (pertencimento, amor). Porém, devem ser igualmente incluídas aquelas necessidades que se tornam mais importantes quando as necessidades básicas estão presumivelmente satisfeitas, como as cognitivas (necessidade de conhecimento, estimulação emocional) (Maslow, 1954; Welzel, Inglehart, & Klingemann, 2003).

Levando em conta a teoria maslowniana, Kenrick *et al.* (2010) analisam os aspectos evolucionistas inerentes a cada grupo de necessidades, expressos nos seguintes termos:

Necessidades fisiológicas. A função adaptativa dessas necessidades parece evidente e diretamente perceptível; são consideradas necessidades homeostáticas, tais como fome e sede, evidentemente essenciais para a sobrevivência e condição fundamental para admitir outras necessidades, e o desejo sexual. Os autores, entretanto, tratam esta última necessidade de forma diferente, situando-a no ápice da pirâmide.

Segurança. Também considerada como motivo de autoproteção, parece ter sido consolidada como forma de lidar com as ameaças do ambiente. Os autores argumentam que, possivelmente, essas necessidades têm fundamento na aprendizagem de associações para estímulos que provavelmente ameaçaram os ancestrais do homem (por exemplo, a sensibilidade para expressões de raiva, sobretudo nas faces de homens desconhecidos, que têm maior potencial ameaçador). Evitar o medo é necessário no confronto com predadores e para impedir a exposição a situações de risco.

Pertencimento. As necessidades de amor, afeto e filiação compõem um único conjunto. Tais motivações sociais diferem das fisiológicas e de segurança no sentido de que não são essenciais para a sobrevivência. Porém, mesmo que o ser humano possa viver por um tempo em isolamento, comumente ele é sensível à rejeição social, empregando os mesmos circuitos neurais usados em registros de dores físicas.

É certo que uma vida solitária evita custos, tais como competição por recursos locais, doenças socialmente transmissíveis e exploração por membros do grupo. Contudo, a humanidade, evolutivamente, parece ter percebido mais vantagens em uma vida grupal, com compartilhamento de recursos, conhecimentos e cuidados com os demais membros.

Estima. Basicamente existem dois conjuntos de motivos subjacentes a essa necessidade: de um lado o desejo de força, realização e maestria, e de outro, o desejo de reputação, *status*, domínio e glória. O *status* tem origem na dominação física e ameaça, dependendo de informações técnicas elevadas; traduzidas como habilidades para desempenhar atividades concretas que garantem benefícios tanto para a mulher como para o homem, embora para este tenha a vantagem adicional de aumentar seu acesso às parceiras.

A necessidade de *autorrealização*, como comentado anteriormente, não é percebida por Kenrick *et al.* (2010) como genuinamente derivada do processo evolutivo, inexistindo, segundo pensam, funções adaptativas específicas correspondentes. Entretanto, talvez isso seja assim em razão de tais autores partirem de uma perspectiva mais biologicista, tomando como exemplares seres não humanos (por exemplo, ratos, pássaros, codornas). Precisamente, Maslow (1943a) postulava como própria à espécie humana esse tipo de necessidade, o que fica evidente na seguinte passagem:

> Mesmo que todas as necessidades estejam satisfeitas, pode-se ainda, com frequência (se não sempre), esperar que um descontentamento e uma inquietação tenham lugar, a menos que o indivíduo esteja fazendo o que ele foi destinado a fazer. Um músico deve fazer música, um artista pintar e um poeta escrever, se é para ele ser realmente feliz. O que

um homem poder ser, ele deve ser. Esta necessidade pode ser denominada como autorrealização. (p. 382).

Criticando o modelo proposto por Kenrick *et al.* (2010), Kesebir *et al.* (2010) comentam que tanto Abraham H. Maslow como Henry Murray fundamentaram suas teorias de necessidades em tipos de motivos dos homens, em vez de considerarem desejos e instintos tipicamente animais. Nesse sentido, aqueles autores sugerem que, quando Maslow criou sua hierarquia das necessidades, ele determinou que as mais elevadas apreendessem as metas de ordem superior, ou seja, a necessidade em direção à qual o homem deveria caminhar para chegar à autorrealização. Evolutivamente, a humanidade parece ter buscado significado no mundo, primando pela sabedoria como elemento de necessidade (Baumeister, 1991). Este dado também é citado no processo de desenvolvimento (Erikson, 1994), independente de cultura, o que sugere que o sentido de autorrealização ou a maturidade seja evolutivamente definido, perfilando uma necessidade humana. Reforça-se, portanto, a concepção de que, ao menos em termos das necessidades humanas, a tipologia de Maslow (1943a, 1943b, 1954) é adequada.

De acordo com o que foi exposto até aqui, é possível falar de um conjunto de necessidades humanas que resultou de um processo evolutivo, isto é, essas necessidades foram fundamentais para os ancestrais do homem, no sentido de assegurarem sua adaptação ao meio, sua sobrevivência e reprodução da espécie.

Porém, essa é uma análise estrita do ponto de vista do indivíduo. O que acontece com a evolução no âmbito social? A análise de Welzel e Inglehart (2010) dá conta de que as pessoas se adaptam em virtude das mudanças de necessidades e oportunidades na vida, e, quando isso ocorre de maneira similar para muitas delas, fomenta estratégias de adaptação similares. Consequentemente, o resultado pode ser uma mudança social coesa e congruente; algo que se presume ter ocorrido na mudança do padrão cultural materialista para o pós-materialista (Inglehart, 1991).

A ideia de mudança ou evolução social não é recente. Confunde-se com a própria pré-história da antropologia, imaginando-se o mundo selvagem (Novo Mundo) e o civilizado (Europa), em direção ao qual se estimava que todas as culturas deveriam caminhar (Laplantine, 2003). Porém, essa concepção se fez mais determinante em trabalhos dos primeiros sociólogos, como Ferdinand Tönnies e Émile Durkheim, que definiram padrões nítidos para diferenciar os tipos de sociedades e culturas (Gouveia, 1998).

Para teorizar sobre como se organizam as pessoas em sociedade, Tönnies (1887/1979) propôs uma tipologia pautada nos conceitos de vontade (*wille*) e estrutura social (*schaft*), cada um abrangendo outras duas categorias. A vontade se subdivide em natural (*wesenwille*) e racional (*kürwille*), enquanto a estrutura social o faz em termos de comunidade (*gemeinschaft*) e sociedade (*gesellschaft*). Segundo o autor, a vontade tem a função de descrever tendências de comportamentos próprios do ser humano, orientados para as demais pessoas; em seu componente natural há o predomínio da paixão, do desejo e da fé em detrimento de componentes mais racionais e críticos que descrevem a vontade racional.

A estrutura social, por sua vez, diz respeito às interações sociais, em termos das atividades da vida e do trabalho das pessoas. Neste marco, a comunidade se pauta nas relações afetivas, pessoais, familiares, nacionais e tribais, e os homens tratam-se uns aos outros como fins. No caso da sociedade, ela é considerada instrumental, racional, estratégica e tática, na qual os homens são meios para se atingir certos fins. As esferas íntima e pública da convivência entre os homens são entendidas, respectivamente, como vida em comunidade e sociedade. A comunidade é concebida como uma estrutura social que antecede a sociedade, embora elas não sejam totalmente excludentes, o que explicaria o fato de o desenvolvimento das sociedades modernas, ao passar dos anos, estar sob constante atrito entre esses dois modos.

Em sua obra *De la Division du Travail Social*, Durkheim (1893/1982) trata da interação social entre os indivíduos que formam a sociedade. Basicamente, o autor procura abordar fatores que fazem possíveis a coesão (unidade, estabilidade) e a permanência (continuidade) das relações sociais no decorrer do tempo. De sua perspectiva, uma sociedade só é possível quando há consenso razoável entre os indivíduos que a compõem. Nesse sentido, derivam desta premissa dois padrões principais de orientação social de acordo com o tipo de solidariedade que estabelecem tais personagens. São eles: (1) solidariedade mecânica. Predomina em sociedades ditas "primitivas", "arcaicas" ou "tradicionais" e compreendem agrupamentos humanos que configuram tribos ou clãs. Como se pode presumir, os indivíduos que a formam compartilham ideias, crenças e valores sociais, tanto em relação aos aspectos religiosos quanto aos mais materiais, de subsistência grupal; precisamente a correspondência na maneira de encarar a vida assegura a coesão social; e (2) solidariedade orgânica. É típica de sociedades "complexas", "avançadas" e "modernas", havendo maior diferenciação entre os indivíduos, que não compartilham comumente os mesmos valores e crenças, têm interesses individuais distintos e maior consciência de sua individualidade. Isso não implica, entretanto, isolamento social. De fato, nesse tipo de solidariedade as pessoas são mais interdependentes.

Os dois autores citados anteriormente reforçam o interesse antigo de cientistas sociais pelo tema da evolução social e cultural. Pensava-se que os grupos humanos nasciam como comunidades, pautados em solidariedade mecânica, avançando em direção à sociedade e fundamentados na solidariedade orgânica.

Essa concepção ainda predomina nos dias de hoje: estima-se que os grupos evoluem, por exemplo, de tradicionais a modernos (Giddens, 1994; Yang, 1988), materialistas a pós-materialistas (Inglehart, 1991) e coletivistas a individualistas (Hofstede, Hofstede, & Minkov, 2010; Kagitçibasi, 1997). São concepções que assumem como estado de natureza a tradição, o arcaico, o materialismo e o tribal, selvagem, que precisa evoluir no sentido de se transformar em moderno (pós-moderno, nos dias de hoje), avançado, pós-materialista e civilizado, constituindo uma sociedade de iguais, ao menos nos princípios. Em resumo, os cientistas possivelmente se mantêm fiéis às observações de comerciantes, viajantes e soldados europeus dos séculos XIV e XV, que se aventuraram em expedições e descobertas de novas terras, concebendo-as como primitivas, devendo avançar em direção ao que consideravam a máxima evolução ou expressão última da civilização: a sociedade europeia (Laplantine, 2003).

Apesar dessa concepção comumente aceita, as evidências empíricas não suportam uma evolução para um padrão social ou cultural determinado. Entende-se, por exemplo, que é possível coexistirem o individualismo e o coletivismo (Kagitçibasi, 1987; Sinha & Tripathi, 1994). Também pode não ser certa uma origem coletivista, pois Triandis (1988) lembra o tipo protoindividualista que parece configurar a gênese desses padrões de orientação. O protoindividualismo é típico de sociedades em que as pessoas desempenham suas atividades muitas vezes com independência das demais, sendo os caçadores e pescadores personagens representativos dessa orientação.

De acordo com Gouveia, Andrade, Jesus, Meira e Formiga (2002), esse tipo de individualismo representa mais uma forma de sobreviver, e não de se relacionar com outras pessoas. Porém, tais indivíduos, ao contrário do que se imagina, não se encontram apenas em ambientes rurais ou sociedades "primitivas". A escassez de recursos, mesmo em sociedades "civilizadas", pode determinar o surgimento desse tipo de orientação.

Para tratar da evolução da cultura, Hofstede *et al.* (2010) lembram que, há aproximadamente cinco milhões de anos, tentando superar as principais ameaças à sobrevivência, que provinham da natureza (frio, calor, predadores) e da escassez material, contornada com os movimentos migratórios em busca de comida e água, e do risco de contar com poucas unidades reprodutivas da espécie, as habilidades de colaborar já eram essenciais. Esse aspecto guiou a evolução da cultura como um mecanismo para construir e manter o círculo moral, um processo por meio do qual (1) o endogrupo (parentes, família) se diferencia do exogrupo (não familiares, estranhos) e, posteriormente, (2) é estendida a "bondade" (o amor, a compaixão) para com as pessoas do endogrupo. Portanto, o foco em relações intra e intergrupais (tipo de orientação social) e os problemas concretos de sobrevivência (tipo de motivador) há muito têm sido fundamentais para a espécie humana, independente de espaço geográfico.

Na presente teoria dos valores não se admite a evolução social como meta, um padrão máximo de evolução, como as sociedades europeias, por exemplo. Contrariamente, presume-se que as sociedades mudam, ajustando-se às demandas contextuais e tendo como foco principal seguir existindo harmoniosamente, mas sem qualquer padrão ou objetivo concreto a atingir. A meta, então, é a continuidade da sociedade, que acontece apenas em contexto de estabilidade social. Portanto, elas não evoluem para um padrão determinado, mas procuram não involuir. Culturas milenares, como a oriental (ex., China) e europeia (ex., Inglaterra), assumem princípios diferentes de orientação social, como o coletivismo e o individualismo, respectivamente (Hofstede, 1984), e não parece haver indícios de que mudarão a curto ou médio prazo. É funcional, em cada contexto, o padrão que assumem; as pessoas os endossam como forma de promover a sobrevivência da sociedade, além da própria continuidade. Como assevera Castro (2007), a religião na vida dos israelitas, por exemplo, tem um papel tão fundamental que, toda vez que esse povo se descuidou desse aspecto, enfrentou problemas sociais e políticos. Dessa forma, desdenhar uma característica de um povo desune a sociedade, transformando-a em alvo fácil para problemas internos e externos.

Por fim, não se afirma, aqui, que as sociedades não mudem. Elas o fazem e evoluem, sendo importante endossar os valores de experimentação e suprapessoais (Gouveia *et al.*, 2010). No entanto, as mudanças são decorrentes da reordenação das subfunções valorativas, primando por sua organização e estrutura sociais de modo a assegurar sua continuidade.

1.1.3. Necessidades, valores e evolução

Como pareceu evidente, se forem levadas em conta as necessidades humanas, a tipologia maslowniana (Maslow, 1943a, 1943b, 1954) reflete adequadamente as múltiplas necessidades que têm integrado outros modelos. Portanto, considerá-las fonte dos valores não parece descabido. Porém, sua ideia de hierarquia é questionável, sobretudo no contexto dos valores. É possível que uma necessidade seja satisfeita, principalmente de natureza deficitária, mas o mesmo não pode ser dito sobre os valores. Estes são princípios-guia, transcendem situações específicas. Uma pessoa pode satisfazer sua necessidade de segurança tendo um emprego bom e estável ou vivendo em uma cidade tranquila. No entanto, tendo sido socializada em contexto de insegurança, seguirá priorizando valores que representam tais necessidades, como os de existência (Gouveia et al., 2008) ou aqueles materialistas (Inglehart, 1991). Nesse contexto, falar em valores como construtos relacionados às necessidades não é algo recente, pois tal relação está em autores de diversas áreas, como antropologia (Kluckhohn, 1951), sociologia (Parsons, 1951) e psicologia (Maslow, 1954).

Embora essa perspectiva que une valores às necessidades não seja admitida por todos, sobretudo por aqueles que se pautam em uma concepção mais societal (Pereira, Camino, & Costa, 2004) ou antropológica (Laraia, 2006), foi provavelmente a que mais prosperou em psicologia, admitida por Rokeach (1973) e assumida por Schwartz (2005). No entanto, em nenhum dos dois se apreende qualquer modelo teórico específico das necessidades ou existe uma concepção clara acerca da natureza humana, assumindo tanto necessidades negativas (necessidade de agressão, por exemplo) como positivas (necessidade de sexo, por exemplo). Contrariamente, em Inglehart (1991), por uma perspectiva mais sociológica ou política, aprecia-se uma relação mais estreita e fundamentada entre as necessidades e os valores humanos. As necessidades mais básicas de Maslow (1954), assim como as fisiológicas (comer, beber, segurança), por exemplo, foram representadas por ele com a dimensão materialista, enquanto que aquelas mais avançadas (social, estima, autorrealização) o foram a partir da dimensão pós-materialista. Inglehart também sugere uma evolução dos valores, refletindo a hierarquia maslowniana das necessidades, em que o materialismo antecederia o pós-materialismo, que representa o ápice da evolução.

De certo modo, a ideia de evolução social implica a concepção de incorporação de valores novos, o que também suscita debates sobre valores negativos, contravalores e/ou crise de valores. Provavelmente, isso não existe; talvez reflita a passagem de gerações, a confrontação de prioridades axiológicas, o compasso para fazer viável uma e outra geração em razão de suas necessidades e aspirações. Possivelmente, os valores são os mesmos em qualquer contexto ou época; e assim tem sido desde quando nasceram as sociedades humanas precisando se organizar de acordo com valores que assegurassem uma estrutura social razoável, que permitissem perpetuar ideias, costumes e saberes. Em sua análise antropológica de sociedades primitivas, Malinowski (1926/2008) ressalta elementos culturais que podem perfeitamente corresponder com valores tanto pessoais (poder) como sociais (convivência), expressando motivadores materialistas (sobrevivência) e idealistas (conhecimento).

A mudança ou evolução de valores não acontece como substituição de padrões axiológicos prévios, mas em função de reordenações. Mesmo nas crianças, não há essa substituição, tão somente a integração de valores ao sistema valorativo que se inicia com as primeiras trocas com seus pais ou responsáveis (Kohn, 1969/1977; Rokeach, 1973). Desse modo, o movimento é sempre articulado, podendo ser flexível, mas não desconectado (o movimento de um verme, uma larva, pode ser uma analogia adequada; de aparência caótica, pauta-se em alguma meta). O caos valorativo, portanto, é um mito, e os novos valores são uma ilusão. É mais provável que haja um coro de valores universais, cuja estrutura é estável (Medeiros, 2011; Schwartz, 2005).

Os valores servem de guia para as pessoas, sendo socializados por pais, professores e amigos, assim como por instituições sociais (escola, igreja, clube), procurando assegurar padrões axiológicos congruentes com as metas da sociedade. Isso sugere que a sociedade tem uma natureza autorreguladora – no sentido que acunhava Smith (1759/1999) para se referir a como o mercado se regula –, procurando equilíbrio. Na *teoria funcionalista dos valores*, admite-se uma tendência à homeostase, possibilitando que siga adiante, não necessariamente em uma direção predeterminada, mas naquela que garantirá a convivência pacífica entre as pessoas e os grupos, favorecendo sua continuidade.

De fato, em épocas diversas têm sido definidos padrões de conduta informais (crenças, costumes) e formais (normas, leis), que permitem assegurar a organização social (Castro, 2007). Quanto a esta última possibilidade, no direito se reconhece a importância dos valores humanos, que emprestam sentido ou conotações aos fatos cotidianos, resultando em normas jurídicas (leis) que têm o poder coercitivo e, por isso mesmo, atuam como controle externo para promover determinados valores consensuados em uma cultura (Reale, 2002).

Em resumo, os valores são um construto motivacional importante, representando as necessidades humanas fundamentais. Segundo Rokeach (1973), seu papel é central no sistema cognitivo das pessoas, permitindo explicar atitudes, crenças e comportamentos. Eles também favorecem a compreensão da organização de pessoas e grupos em sociedade. Embora se fale em evolução social, essa não é uma ideia compartilhada nesta obra no que se refere aos valores. Eles não evoluem ou mudam em direção a um padrão determinado de sociedade, mas são reordenados ou combinados com a intenção de permitir que determinada cultura alcance estabilidade. Porém, alguém pode pensá-los como epifenômenos ou palavras ensinadas às crianças. Nesse sentido, procura-se a seguir reunir evidências que os situem como construtos legítimos, identificando seus correlatos neurológicos e sua origem genética.

1.2. CORRELATOS NEUROLÓGICOS DOS VALORES

Como afirmam Moll, Zahn, Oliveira-Souza, Krueger e Grafman (2005), a neurociência social (na década passada tinha o conceito mais restrito de neurociência cognitiva, mais direcionada a processos como memória, atenção e linguagem) é um campo de pesquisa emergente que vem se consolidando. Ela já reúne duas sociedades internacionais e periódicos científicos com esses nomes, focalizando as bases neurais de cognições e comportamentos sociais humanos. Nessa direção, estudos recentes dão conta de imagens funcionais e evidências clínicas que indicam ligações consistentes de regiões cerebrais implicadas em cognições morais e sociais. Tais descobertas estão oferecendo interpretações adicionais de comportamentos sociais problemáticos em pacientes com disfunções cerebrais, e requerem uma abordagem que permita entender os laços complexos entre os indivíduos e sua sociedade.

Entretanto, como esses mesmos autores comentam, a neurociência social tem evitado tratar diretamente com aspectos complexos da cognição moral humana, a exemplo de emoções e valores morais. Quando eles são apresentados, comumente é de forma geral, enfatizando os valores como uma qualidade de juízo ou uma propriedade de algum objeto (Changeaux, Damasio, Singer, & Christen, 2005).

O esforço, aqui, é resgatar alguns dos conhecimentos que têm sido produzidos na área, centrados em cognições sociais e princípios de orientação social (exemplo, altruísmo, julgamento moral, tomada de decisão), mas algumas vezes também tocando diretamente os valores.

Na última década, graças a avanços em técnicas de neuroimagem funcional, como tomografia por emissão de pósitrons (PET), tomografia computadorizada por emissão de fóton único (SPECT) e ressonância magnética funcional (iRMF), as relações entre regiões cerebrais e os processos mentais específicos vêm sendo exploradas mais minuciosamente. Como asseveram Vul, Harris, Winkielman e Pashler (2009), por exemplo, os estudos com iRMF acerca de emoções, personalidade e cognição social eram escassos dez anos atrás, mas, em poucos anos, eles têm aparecido concomitantes com diversos periódicos (*Social Neuroscience, Social Cognitive and Affective Neuroscience*). Também têm surgido estudos recentes a respeito de veículos de divulgação científica de grande impacto, como *Science* e *Nature*.

Aqui, resgatam-se alguns dos estudos que podem servir de evidências da base neurológica dos valores. Contudo, é importante frisar que o que se conhece ainda é muito pouco, partindo-se de hipóteses muito gerais e sem testar, concretamente, qualquer modelo teórico dos valores. Entenda-se, pois, que se oferece nesta oportunidade um ensaio, suscitando uma compreensão ainda incipiente no contexto dos valores.

Mendez (2009) descreve que os pesquisadores têm empregado a iRMF em pessoas normais com a intenção de definir a neuroanatomia do comportamento moral, apoiando-se em estudos envolvendo tarefas ou dilemas de julgamento ou raciocínio moral. A propósito, esses pesquisadores têm descoberto que as áreas neuromorais principais ativadas são o córtex pré-frontal ventromedial (vmPFC) e adjacente orbitofrontal, além do córtex pré-frontal ventrolateral (OFC/vlPFC), amídala e córtex pré-frontal dorsolateral (DLPFC).

A Figura 3, a seguir, procura descrever as regiões correspondentes do cérebro. O vmPFC [definido como áreas de Brodmann (BA 10-12, 25, 32, mais a região fronto-polar de BA10)] atribui valores morais e emocionais a eventos sociais, antecipa seus resultados futuros e está relacionado com a empatia e a atribuição de intenção a tarefas correlatas. A região OFC/vlPFC (definida como BA44/47 e partes de BA10-12 e 25) medeia respostas socialmente aversivas e exerce função moduladora sobre respostas automáticas relacionadas a emoções e à resposta de estruturas subcorticias (amídala), permitindo reversão comportamental de acordo com a mudança de contingência. A amídala, localizada no lobo temporal anteromedial, medeia a resposta à ameaça e aprendizagem aversiva social e moral.

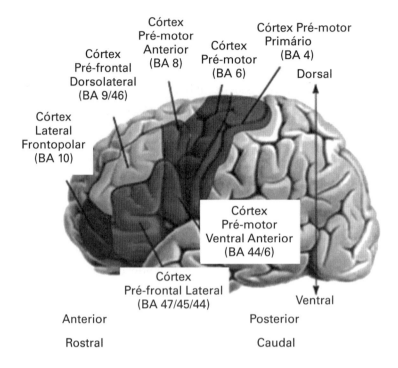

FIGURA 3. Regiões do cérebro envolvidas em tarefas de cognição moral.

Mendez (2009) comenta ainda que o vmPFC, particularmente à direita, é essencial para esse sistema neuromoral. Em estudos de iRMF, por exemplo, essa região do cérebro é ativada com tarefas que requerem julgamentos morais explícitos, visualização passiva de fotos moralmente salientes e a eliciação de caridade, justiça, culpa e outras emoções e sentimentos morais.

Moll *et al.* (2006) usaram iRMF enquanto os participantes, em condição anônima, doavam ou se opunham a doar a uma organização real de caridade relacionada às questões sociais prioritárias. Eles observaram que o sistema mesolímbico de recompensa foi ativado pelas doações do mesmo modo como quando as recompensas foram obtidas. Além disso, as áreas do córtex subgenual e orbitofrontal lateral, que desempenham um papel em mecanismos mais primitivos de apego e aversão social, mediam decisões para doar ou se opor a causas sociais.

Notadamente, as regiões anteriores do córtex pré-frontal foram distintivamente requeridas quando as escolhas altruístas prevaleceram em relação àquelas de interesses egoístas. Tais autores concluíram que sistemas neurais distintos estão envolvidos nas decisões de doar ou se opor a causas sociais: o sistema mesolímbico de recompensa (área tegmental ventral e núcleo estriado) fornece um mecanismo geral de reforço, o córtex orbitofrontal lateral (lOFC) medeia as respostas de apego e aversão social e o córtex pré-frontal anterior é crucial para representar contingências de reforço mais complexas relacionadas a decisões altruístas. Nesse sentido, esses autores consideram que a importância das conexões frontolímbicas para o altruísmo humano concorre com seu papel-chave em mecanismos sociais e motivacionais.

De acordo com Zahn *et al.* (2007), conceitos sociais como "hábil" e "honroso" permitem descrever a si mesmo bem como aos demais, sendo importante estudar seus fundamentos neurológicos. Assim, empregando iRMF, esses autores observaram que o lobo temporal é uma estrutura cerebral na circuitaria subjacente ao processo de informações semânticas sociais abstratas. O lobo temporal anterior superior (área 38 de Brodmann) é bilateralmente ativado quando os participantes julgam o significado correlato de conceitos sociais (por exemplo, honra, bravura) quando comparado com conceitos descrevendo funções animais gerais (por exemplo, nutritivo, útil). Notadamente, apenas a atividade no córtex temporal anterior superior, e não no córtex pré--frontal medial, correlacionou-se com a riqueza de detalhes com que conceitos sociais descrevem o comportamento social. Além disso, a ativação do lobo temporal anterior foi independente da valência emocional, enquanto que regiões pré-frontais mediais foram ativadas para conceitos sociais. Portanto, os resultados demonstram que o córtex temporal anterior superior tem um papel-chave na cognição social ao fornecer conhecimento conceitual abstrato de comportamentos sociais.

Beer, John, Scabini e Knight (2006) indicam que pacientes com comprometimento orbitofrontal se relacionam com estranhos de uma maneira familiar, mais apropriada para interações com as pessoas próximas. Tais pacientes provocam estranhos de forma inapropriada, e também podem lhes oferecer informações pessoais desnecessárias ou tangenciais ao responderem perguntas. Dois tipos de variáveis presumivelmente contribuem com os déficits sociais associados ao dano orbitofrontal: (a) o sistema emocional deficiente e (b) a ausência de monitoramento comportamental corrente. Esses pacientes não se sentem envergonhados de seu comportamento inadequado e podem, inclusive, se sentir mais orgulhosos ao se comportar inapropriadamente. Os resultados das pesquisas desses autores sugerem que, comparando pacientes com lesões pré-frontais laterais com pessoas saudáveis, aqueles com danos orbitofrontais se expõem (se abrem) de forma mais inadequada ao falar com um estranho sem ter consciência dessa situação.

Em um estudo com iRMF, Immordino-Yang, McColl, Damasio e Damasio (2009) expuseram seus participantes a narrativas baseadas em histórias verdadeiras para evocar admiração e compaixão em quatro categoriais distintas: (a) admiração de virtude (AV), (b) admiração de habilidade (AH), (c) compaixão de dor social/psicológica (CP) e (d) compaixão de dor física (CF).

De acordo com o que foi teorizado, as experiências das quatro emoções estimularam regiões cerebrais envolvidas em representação interoceptiva e regulação homeostática, incluindo ínsula anterior, cingulado anterior, hipotálamo e mesencéfalo. Seus resultados mostraram diferenças entre as condições experimentais nos córtices posteromediais (CPM, precuneus, córtex cingulado posterior e proção retrosplenial): as condições de AV e CP foram associadas com ativação forte na porção ínfero-posterior do CPM, diferentemente das condições de AH e CF, que apresentaram ativação na porção súpero-anterior do CPM. Nesse sentido, os resultados oferecem pistas para compreender as funções dos córtices posteromediais nas emoções sociais que dizem respeito às dores físicas e psicológicas.

A partir de uma perspectiva mais neuroeconômica, Brosch, Coppin, Schwartz e Sander (2011) oferecem uma contribuição importante para entender as bases neurológicas dos valores humanos. Especificamente, os autores apontam que as pesquisas na área têm definido regiões neurais envolvidas no cômputo de valores, referindo-se a escolhas e decisões concretas (valores econômicos). Por outro lado, destacam que os pesquisadores em psicologia e sociologia empregam o termo "valores" para descrever construtos motivacionais que guiam as escolhas e comportamentos através das situações (valores centrais).

Para integrar essas duas perspectivas, tais autores compararam as regiões neurais correspondentes às orientações valorativas. Basicamente, tomaram como referência valores identificados por Schwartz (1992) (valores centrais) e exemplos de atividades concretas potencialmente reforçadoras (valores econômicos). Os itens que descrevem ações baseadas em valores abstratos (corrigir injustiças, por exemplo) ou atividades recompensadoras (comer uma maçã) foram apresentados em uma tela por 6s. De acordo com o estímulo apresentado na tela, os participantes indicavam (a) o quão importante os valores eram como um princípio-guia em sua vida (valores centrais) ou (b) o quanto eles poderiam desenvolver a atividade descrita (valores econômicos). Os resultados do estudo são retratados na Figura 4.

O lado A da figura expressa um aumento da ativação no córtex pré-frontal medial (mPFC) dorsal durante o cômputo dos valores centrais/abstratos (corrigir as injustiças, respeitar as tradições, ter liberdade; pico das coordenadas $x=-3$, $y=56$, $z=22$, $t=5,76$, $p<0,001$). O lado B, por sua vez, indica um aumento da ativação no córtex orbitofrontal medial (mOFC) durante o cômputo de valores econômicos/concretos (comer uma maçã, ouvir um *blues*, jogar tênis; pico de coordenadas $x=-6$, $y=44$, $z=-14$, $t=7,48$, $p<0,001$).

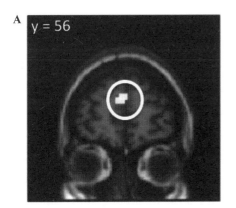 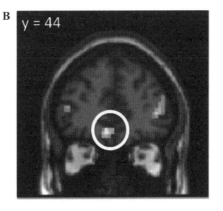

FIGURA 4. Ativação no córtex pré-frontal em valores econômicos e centrais.

Em suma, tais autores demonstraram que o processo explícito de avaliar tipos de valores implica regiões pré-frontais mediais envolvidas no processamento de informações autorrelevantes, consistente com a noção de que os valores favorecem a organização do autoesquema do indivíduo.

Segundo Caspers *et al.* (2011), estudos de neuroimagem em que foram pesquisadas decisões em situações de conflito fundamentadas em valores sugerem um papel importante de regiões cerebrais pré-frontais e córtex cingulado. Preferências gerais, entretanto, refletem um conceito moral superordenado independente da situação real, como propõem pesquisas psicológicas e socioeconômicas. Nesse cenário, as respostas cerebrais específicas seriam influenciadas por sistemas valorativos abstratos e conceitos morais. Os mecanismos neurobiológicos subjacentes a tais respostas são amplamente desconhecidos.

Usando iRMF como paradigma de escolha forçada em pares de palavras com valores abstratos, esses autores mostraram que o cérebro lida com tais decisões de acordo com o conceito moral superordenado da pessoa. Portanto, pessoas com um sistema de valores coletivistas aplicam uma estratégia de "equilíbrio e ponderação", ativando regiões cerebrais do córtex parietal rostral inferior e intraparietal, assim como córtex frontal e cingulado médio. Por outro lado, pessoas com valores individualistas (egocêntricos) aplicam uma estratégia "luta e fuga", ativando a amígdala esquerda. Por fim, se os indivíduos vivenciam um conflito valorativo quando rejeitam uma alternativa congruente com seus próprios valores, regiões cerebrais são ativadas como aquelas em situações reais de dilemas morais, isto é, córtex cingulado médio e córtex pré-frontal dorsolateral. Em suma, seus resultados indicam que, diante de situações de tomada de decisão, enquanto os coletivistas ativam regiões cerebrais corticais, os individualistas apresentam ativação forte de uma estrutura subcortical. Essas descobertas são importantes, principalmente ao se levar em conta a dinâmica de processamento cortico-subcortical e os efeitos dessa interação em respostas com maior ou menor deliberação consciente com maior ou menor controle de aspectos afetivos (papel de áreas frontal e parietal para os coletivistas *versus* papel da amígdala no sistema límbico para os individualistas).

Brosch, Coppin, Scherer, Schwartz e Sander (2011) desenvolveram uma pesquisa específica que relacionou mais estreitamente os valores com funções ou regiões neurológicas. Partindo de duas dimensões de ordem superior do modelo de Schwartz (2005) – autointeresse (autopromoção) e abertura à mudança –, tais autores pretenderam observar diferenças na responsividade de regiões neurais relacionadas à recompensa durante um processo de tomada de decisão. Essas regiões cobririam mecanismos de distribuição de recursos e comportamentos de otimização, presumivelmente refletindo a estrutura da hierarquia individual de valores.

Usando iRMF, eles procuraram descobrir se as diferenças individuais nessas dimensões universais dos valores eram refletidas em mecanismos de recompensa neurais durante as tarefas de doação e *GO/NOGO*. Constataram que indivíduos com pontuações altas em autointeresse (autopromoção) sacrificaram menos dinheiro para doação de caridade e apresentaram maior ativação do estriado ventral quando receberam recompensa monetária. Na Figura 5 é possível contemplar esses dados.

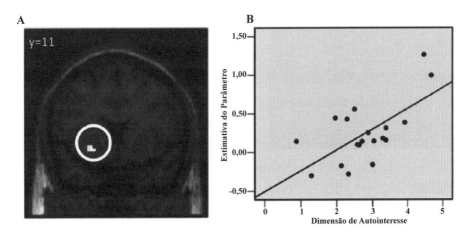

FIGURA 5. Ativação do núcleo estriado ventral e prioridade do autointeresse.

Esta figura descreve uma análise de regressão entre a atividade cerebral regional durante os ensaios de recompensa e a dimensão valorativa de autointeresse (A). Pode-se perceber, no gráfico de dispersão (B), que indivíduos com pontuações elevadas nesse valor apresentam parâmetros estimados mais altos no estriado ventral (pico de coordenadas $x=-24$, $y=11$, $z=-8$) na condição de recompensa.

Quanto à dimensão valorativa de abertura à mudança, esses autores observaram que indivíduos que tiveram uma pontuação alta apresentaram maior sensibilidade do núcleo estriado dorsal quando tentaram inibir respostas habituais. A Figura 6 descreve os achados principais. De acordo com a figura, a sensibilidade do estriado dorsal a erros comportamentais evitados é modulada pela abertura à mudança. A correlação entre as pontuações nessa dimensão valorativa e a resposta exitosa de inibição de resposta aparece no caudado direito (A: pico coordenadas, $x=24$, $y=23$, $z=1$). No gráfico de dispersão (B) fica evidente a associação positiva entre as estimativas do parâmetro para as pontuações do caudado direito e aquelas em abertura à mudança.

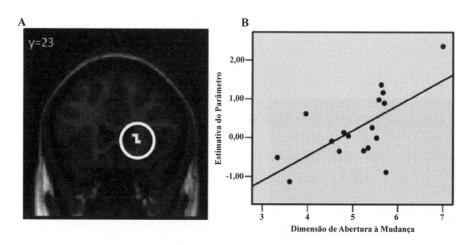

FIGURA 6. Ativação do núcleo estriado dorsal e prioridade de abertura à mudança.

O conjunto de dados descrito anteriormente ainda não é sólido o suficiente para precisar a base neurológica dos valores. Estima-se que haja esse fundamento, que pode passar por um processo complexo que envolve emoções, sentimentos e intuições, sem excluir, entretanto, um componente racional (Damasio, 2005). Nesse sentido, os valores são mais que palavras ensinadas às crianças: além de serem importantes para explicar atitudes e comportamentos (Gouveia *et al.*, 2011; Rokeach, 1973; Schwartz, 2005), parecem existir evidências de sua relação com regiões específicas do cérebro. Isso, provavelmente, contribua para diferenciar o homem de outras espécies.

Com relação a essa questão, embora o comportamento moral seja produto de seleção natural, esse é um atributo exclusivo da espécie humana. Apesar de os animais não humanos disporem de uma lista de regulações sociais (compartilhamento de comida, reciprocidade de alianças, reconciliação, por exemplo), eles não alcançaram um nível elevado de algumas faculdades mentais, incluindo a linguagem, que permita contar com algum princípio-guia de seus comportamentos futuros. Nesse sentido, como ressalta Cela-Conde (2005), a incorporação dos valores humanos no processo evolutivo implicou modificações cerebrais, como a ampliação do córtex pré-frontal, relacionada ao desenvolvimento de capacidades cognitivas superiores (julgamento moral, por exemplo). Porém, ainda há muito a percorrer para relacionar cada subfunção valorativa ou tipo motivacional com regiões cerebrais ativadas quando valores específicos se destacarem.

Caspers *et al.* (2011) indicam que, independente da teoria de valores, é amplamente aceito que os valores e ideais pessoais influenciam a mentalidade e os comportamentos das pessoas. A neurociência considera esse tópico ao estudar os correlatos do julgamento moral e da moralidade, avaliando primariamente o processo de tomada de decisão em situações de dilemas reais. Tais estudos indagam como as pessoas decidem entre duas opções em uma situação moralmente desafiadora. Nesses contextos, observou-se que estavam envolvidas áreas cerebrais, como o córtex frontal e cingulado. No entanto, o sistema valorativo abstrato das pessoas, em geral, ainda não foi devidamente pesquisado. Em vez disso, procurou-se avaliar indiretamente o sistema valorativo em função de situações reais, em que uma pessoa normal pesaria as alternativas possíveis de acordo com valores morais conflitantes.

Finalmente, embora haja quem questione os estudos com iRMF que relacionam a ativação cerebral com variáveis de emoção, personalidade e cognição social (Vul *et al.*, 2009), o correto é que na última década, principalmente, foram apresentadas contribuições importantes para compreender algo mais acerca da base neuronal de diversos construtos psicológicos, a exemplo de atitudes e julgamentos morais.

Da mesma forma, no âmbito dos valores estão sendo dados os primeiros passos, que não tardarão em apontar em que medida eles compreendem um construto relacionado com estruturas cerebrais. Portanto, demandam-se novos estudos na área, sobretudo tratando diretamente dos valores como princípios abstratos, que, no final das contas, parecem ter também alguma base biológica, como será exposto a seguir, na discussão de seu fundamento genético.

1.3. INFLUÊNCIA GENÉTICA NOS VALORES

Os estudos que incluem a genética como fator explicativo dos valores humanos têm sido levados a cabo principalmente nas duas últimas décadas. Tais estudos partiram, sobretudo, de análises sobre atitudes, crenças e traços de personalidade, os quais, algumas vezes, chegaram a ser tratados como construtos intercambiáveis. Embora Rokeach (1973) admita a base biológica dos valores humanos ao falar em impulsos e necessidades, a questão genética inerente a tal construto não foi diretamente discutida. Nesse sentido, provavelmente Schwartz e Bardi (2001) tenham sido os primeiros a abordá-la. Seu estudo sugeriu que as pessoas, tanto dentro como através das culturas, têm diferentes prioridades valorativas, as quais, além de experiências pessoais e posições sociais diferentes, refletem suas heranças genéticas. Concretamente, as diferenças intraculturais contribuem para identificar a influência de herança genética única, a experiência social, a estrutura social e cultural nas prioridades valorativas.

Apesar dessas considerações, pouco se sabe sobre a natureza genética dos valores (Schermer, Feather, Zhu, & Martin, 2008). O propósito, agora, é tentar compreender seus fundamentos genéticos, considerando em que medida eles podem ser um fator decisivo para explicar as variações axiológicas entre os indivíduos.

Na intenção de definir a contribuição genética, um primeiro aspecto a se considerar é a diferenciação do ambiente em que as pessoas se desenvolvem, que pode explicar parte da variação de suas diferenças em atitudes sociais e valores. De acordo com Asbury, Dunn, Pike e Plomin (2003), por exemplo, diferenças fenotípicas individuais, próprias dos indivíduos, que não são explicadas por genes, são amplamente devidas à influência ambiental não compartilhada. Nesse caso, coerentemente, seu estudo mostrou que, para os 10% da distribuição de extremos discordantes em práticas (disciplina parental, sentimentos parentais negativos) e comportamentos (ansiedade, conduta pró--social, hiperatividade) parentais, a média do tamanho do efeito do ambiente não compartilhado foi substancialmente maior que 11%.

Yamagata *et al.* (2006) estudaram os cinco grandes fatores (*big five*) da personalidade, que são comprovadamente universais (John, Naumann, & Soto, 2008) e guardam relação com os valores humanos (Olver & Mooradian, 2003). Segundo esses autores, uma proporção substancial (entre 45% e 50%) em variação de medidas de personalidade pode ser atribuída a fatores genéticos. Isso sugere que os cinco grandes fatores são traços endógenos da personalidade, que refletem tendências biológicas. Portanto, a conclusão foi que (1) a estrutura dos cinco grandes fatores reflete influências genéticas além de ambientais; e (2) sua universalidade é atribuível a mecanismos biológicos e genéticos presentes em todas as partes.

Os autores descrevem ainda o dado interessante de que a estrutura clássica dos cinco grandes fatores é mais perceptível na estrutura genética do que na fenotípica. Na estrutura fenotípica, por exemplo, os domínios *O* (abertura à mudança, experiências novas) e *A* (agradabilidade, sociabilidade) foram apenas reproduzidos em termos gerais em amostras da Alemanha e do Canadá, mas esses domínios foram claramente extraídos da matriz de correlações genéticas, que consideraram apenas a variância derivada da determinação genética.

Steger, Hicks, Kashdan, Krueger e Bouchard (2007) indicam que a influência genética tem sido demonstrada para atitudes, valores e comportamentos religiosos, sendo similar àquela encontrada para traços de personalidade, situada em 21% a 52% da variância. Eles descrevem a influência genética em autotranscendência, dimensão relacionada com espiritualidade, na ordem de 44%; e tal influência também se faz notar em construtos como liderança, otimismo, criatividade e altruísmo, explicando 47% a 57% de suas variâncias. No estudo desses autores foi avaliada a influência genética no construto "força de caráter", compreendido como um traço estável de personalidade, refletindo diferenças individuais valorizadas culturalmente. Seus resultados mostraram que as correlações entre as pontuações dos pares de gêmeos monozigóticos para as 24 subescalas desse construto foram todas positivas e geralmente altas [amplitude 0,22 (humor) a 0,59 (espiritualidade)], enquanto que elas foram baixas e, algumas vezes, negativas, para aqueles pares dizigóticos [amplitude de -0,15 (humor e cidadania) a 0,36 (persistência)]. O efeito genético médio foi de 41%, variando de 14% (humor) a 59% (espiritualidade). Portanto, parece evidente o papel da hereditariedade nesse traço de personalidade que evidencia um elemento social.

No âmbito das pesquisas sobre o materialismo, considerado um valor, Giddens, Schermer e Vernon (2009) indicam que têm sido enfocadas as contribuições ambientais para criar ideologias materialistas, dando-se pouca atenção ao componente genético. Contudo, sua revisão de literatura revela que cerca de 40% da variância compartilhada em diversos traços de personalidade e atitudes pode ser atribuída à genética. Seu estudo indicou, entretanto, que a pontuação total da medida de materialismo pode ser explicada por fatores ambientais (0,52), da mesma forma que as de seus fatores específicos, sucesso (0,42) e centralidade (0,53). Apenas as do fator felicidade foram explicadas geneticamente (0,46). Dessa forma, este estudo não corroborou o de O'Shaughnessy e O'Shaughnessy (2002), que postulou ser o materialismo uma característica genética do ser humano; contrariamente, parece ser mais uma característica resultante de forças ambientais.

Schermer *et al.* (2008) lembram que são escassos os estudos sobre os efeitos da genética nos valores, uma vez que "alguns pesquisadores tendem a assumir que o desenvolvimento dos valores ocorre principalmente fundamentado na aprendizagem social e socialização dentro da cultura" (p. 531). A propósito, comentam que há uma concepção de que os comportamentos dos pais influenciam o desenvolvimento dos valores de seus filhos, sugerindo um efeito ambiental comum. No entanto o argumento alternativo indica que o compartilhamento de valores entre pais e filhos poderia dever-se à influência de fatores genéticos. Reforçando essa alternativa, alguns estudos sugerem que os valores possam ter um componente genético subjacente. Alguns resumos desses estudos estão a seguir:

- Waller, Kojetin, Bouchard, Lykken e Tellegen (1990) avaliaram a influência genética e ambiental em interesses, atitudes e valores religiosos com gêmeos criados juntos e criados separadamente. Das cinco medidas usadas, eles relataram que o efeito da herança genética variou de 41% para interesse ocupacional religioso a 52% para valores religiosos, com uma média de efeito da hereditariedade nas diversas medidas em torno de 50%.

- Keller, Bouchard, Arvey, Segal e Dawis (1992) avaliaram os componentes genético e ambiental de valores do trabalho em gêmeos criados separadamente. Dos seis fatores de valores do trabalho, a herança genética foi responsável por 18% (altruísmo) a 56% (realização). O efeito do ambiente comum foi igualmente constatado para os fatores de valores do trabalho denominados realização, *status*, conforto e autonomia.

- Harris, Vernon, Johnson e Jang (2006) relataram que, dos seis fatores extraídos dos dois conjuntos de dezoito valores do Rokeach Values Survey (RVS; Rokeach, 1973), todos apresentaram um componente genético, com a variância explicada se situando entre 17% para o fator salvação (salvação, obediência e indulgente) e 50% para o fator nacionalismo (um mundo de paz, igualdade, liberdade e segurança nacional). Além disso, o fator religiosidade foi o único que teve efeito significativo do ambiente comum. Tais resultados foram baseados em amostras de gêmeos adultos que foram criados juntos.

Quando considerados conjuntamente, esses resultados apoiam a concepção de que os valores têm um componente genético evidente. O estudo de Schermer *et al.* (2008) considerou respostas de 670 australianos gêmeos que responderam ao Questionário dos Perfis Valorativos, composto de quarenta itens (*QPV-40*), distribuídos nos dez tipos motivacionais de Schwartz (2004). As análises genéticas univariadas dos dados indicaram que, do conjunto desses tipos motivacionais, nove apresentaram herança genética (hereditariedade), variando de 10,8% (poder) a 38% (conformidade). A exceção foi o tipo realização, melhor explicado por efeitos ambientais compartilhados (14,3%). Contudo, ao contrário do que tem sido relatado em alguns estudos, a maioria da variância foi explicada por fatores ambientais únicos, com contribuições entre 47,5% (tradição) a 85,7% (realização). Destaca-se, também, que dezesseis das 45 correlações indicaram algum fator genético comum, com a média de correlação cruzada sendo de 0,10 para os gêmeos monozigóticos e 0,01 para os dizigóticos.

Uma discussão interessante sobre a influência genética em atitudes e valores é oferecida por Alford, Funk e Hibbing (2008), quando rebatem a crítica de Evan Charney a um artigo em que demonstraram a base genética das atitudes. Concretamente, estimaram que a hereditariedade de atitudes políticas e sociais está entre 40% e 50%, deixando 60% e 50%, respectivamente, atribuíveis a fatores ambientais. Nesse contexto, compreendem que "as evidências empíricas mostram que um componente genético inerente às posições atitudinais específicas, por exemplo, provavelmente reflete o papel indireto da genética em atitudes por meio da hereditariedade de valores e orientações mais fundamentais para viver em grupos sociais" (p. 324). Nesse caso, mesmo que a origem genética não seja direta, sua causa é subjacente, podendo desencadear as seguintes possibilidades: genes → crenças ou genes → traços físicos → reações sociais → crenças.

Finalmente, tais autores consideram que a interação gene-cultura é a chave para entender a fonte de atitudes e comportamentos políticos, assim como para compreender a maioria dos aspectos físicos e comportamentais da condição humana. Os genes não funcionam isoladamente. Ao contrário, geralmente influenciam a extensão em que os organismos respondem a condições ambientais particulares.

Um estudo específico sobre os valores, pautado em um modelo teórico específo, foi realizado recentemente por Knafo e Spinath (2011). Sua pesquisa foi levada a cabo com 271 gêmeos com idades entre sete e onze anos, monozigóticos (MZ) e dizigóticos (DZ), que responderam o *QPV-30* (adaptação do *QPV-40*), tendo considerado oito tipos motivacionais (foram excluídos segurança e universalismo) reunidos nas quatro dimensões de ordem superior;

unicamente para estas foram apresentados seus resultados. A correlação da dimensão conservação *versus* abertura à mudança foi mais forte entre gêmeos MZ (r médio = 0,37) que entre os DZ (r médio = 0,07), com contribuição genética média de 34%.

Por outro lado, no caso da dimensão autotranscendência *versus* autopromoção, a correlação média para gêmeos MZ foi 0,52, enquanto que para os DZ foi de 0,16; com a contribuição média da herança genética correspondente a 49%. Em conclusão, os autores indicaram que a importância dada às duas dimensões valorativas principais foi afetada em parte por fatores hereditários, porém, os efeitos ambientais do tipo não compartilhado pelos membros da família, somados ao erro de medida, explicaram a maior parte da variância para a dimensão conservação *versus* abertura à mudança.

Finalmente, Schermer, Vernon, Maio e Jang (2011) avaliaram o aspecto hereditário da covariação entre personalidade e valores, considerando amostra de 258 pares de adultos, monozigóticos e dizigóticos, com idade média de 23,9 anos. Tais participantes responderam ao Rokeach Values Survey (RVS; Rokeach, 1973), formado pelos sete tipos motivacionais descritos por Schwartz e Bilsky (1990). Seus resultados indicaram uma porcentagem média de efeito genético para os tipos motivacionais na casa de 46%, variando de 36% (prazer) a 0,63 (pró-social).

Em resumo, parece haver evidências suficientes que dão conta da contribuição genética para explicar as prioridades que as pessoas dão aos valores que guiam suas vidas, embora esse não seja o único fator. O ambiente não compartilhado tem um papel igualmente importante para explicar a variabilidade dos valores. Portanto, parece razoável admitir que as prioridades valorativas podem mudar de acordo com a variação de ambientes, embora possa ser igualmente plausível assumir sua estabilidade em decorrência do contexto cultural compartilhado. Por outro lado, cabe também argumentar que a estabilidade nos valores é geneticamente fundamentada, enquanto que os fatores ambientais não compartilhados contribuem para explicar mudanças em suas prioridades (Knafo & Spinath, 2011). Além disso, há que conjeturar que uma presumível estrutura universal dos valores possa assinalar a base da natureza humana compartilhada (fatores motivacionais, evolutivos e genéticos), assim como a importância das funções valorativas para constituir e manter as sociedades. Esses aspectos, entretanto, demandam um tratamento pormenorizado, focando o relativismo e o universalismo dos valores humanos, que serão abordados no próximo capítulo.

2 RELATIVISMO E UNIVERSALISMO DOS VALORES

É comum ouvir ou ler que os valores estão mudando, que já não são os mesmos de antes. Fala-se, por exemplo, em novos valores, valores dos novos tempos, valores ultrapassados etc., para indicar um conjunto de valores que surge a cada momento, diferenciando-se e anulando os anteriores. Essa perspectiva, de cunho eminente e originalmente socioantropológico, tem encontrado espaço nas ciências sociais (Barcelos, 2011; Noara, 2007) e mesmo na psicologia social (Fernandes, Costa, Camino, & Mendoza, 2007; Pereira *et al.*, 2004). Contudo, essa posição não é defendida na teoria funcionalista que será apresentada e, que concebe os valores como princípios universais. É preciso, entretanto, fundamentar dito posicionamento, buscando respaldo na literatura e indicando evidências que o suportam.

2.1. PERSPECTIVAS TEMPORAIS

Um elemento inicial a considerar diz respeito à perspectiva acerca do tempo, que pode ser útil para compreender a visão assumida sobre os valores humanos. Concretamente, podem ser descritas quatro perspectivas principais de tempo nas ciências sociais do século XX (Šubrt, 2001): (1) consciência ocasional do tempo baseada na distinção feita entre "agora" e "não agora"; essa perspectiva assume que os princípios básicos de ordem são ou deveriam ser considerados imutáveis, expressando-se como invariantes; (2) a consciência cíclica do tempo assemelha-se à anterior, admitindo a existência de princípios imutáveis de ordem, que se repetem uma e outra vez; (3) diferentemente da segunda perspectiva, a consciência linear do tempo com um futuro determinado não considera que os principais princípios organizativos sejam imutáveis, admitindo que, em cada período contemporâneo, eles podem ser abertos à mudança; e, finalmente, (4) a consciência linear do tempo com um futuro aberto pode ser descrita como "sociologia temporalizada", que indica um futuro relativamente aberto, emergente, de novidade e o conceito de descontinuidade.

No geral observam-se, de fato, duas posições ou perspectivas de certa forma antagônicas a respeito da percepção do tempo. De um lado, admite-se que ele é linear, avançando ao longo de uma trajetória que se configura como uma cadeia irreversível de eventos, com o passado sendo retratado como um prólogo – por exemplo, uma parte introdutória de eventos presentes e futuros, que permite compreendê-los, mas não determiná-los. Por outro lado, o tempo é visto como cíclico, compreendendo uma repetição perpétua que corresponde aos ritmos diurnos e sazonais do mundo natural, sendo o passado infinitamente repetido, definindo-se como uma profecia (Farris, 1987). Portanto, a história tende a se repetir, e a organização social ciclicamente se reproduz.

Essas discussões não são de hoje. De fato, civilizações antigas, como as egípcias e gregas, já contemplavam tais possibilidades, representadas, por exemplo, nas imagens da Figura 7.

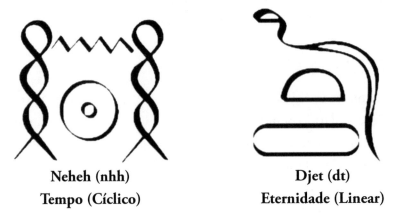

FIGURA 7. Perspectivas temporais entre os antigos egípcios.

Os egípcios vivenciavam o tempo que poderia iniciar, parar e renascer, sendo essa uma percepção que influenciou inclusive suas ideias a respeito da História. Na Figura 7, *Neheh* representa o tempo cíclico, não completo, que se repete infinitamente e é rejuvenescido. Sua natureza cíclica é expressa na passagem de eventos sazonais e celestiais; o tempo não é linear, mas corre em uma espiral com repetição de certos eventos: dia e noite, estações sazonais, feriados e o ciclo natural da vida (nascimento, vida e morte). Isso pode ser representado na imagem em função das espirais, do círculo. *Djet*, por sua vez, indica o conceito de tempo linear, não repetitivo, sugerindo continuidade em direção a algo, simbolizado na imagem de uma serpente, por exemplo (Haymond, 2008).

O tempo considerado linear se faz presente com clareza na concepção judaico-cristã. Nesse contexto, a linearidade começa no ato de criação por Deus, terminando com o juízo final ou com o fim do mundo (Cremo, 1999). No Velho Testamento, em Eclesiastes, comumente atribuído a Salomão (970-928 a.C.), o tempo foi tradicionalmente considerado um meio para a ocorrência de eventos em direção a um fim predestinado. Dentro dessa ideia estava a noção de continuidade de um trajeto que se encerra, acontecendo uma única vez: a ideia de começo (origem do ser), meio (vida terrena) e fim (morte e, cumprindo a vontade de Deus, o paraíso celestial). Portanto, compreende-se a história como uma sequência unidirecional de eventos, cada um deles sendo único, não repetível e com significado natural e sobrenatural.

A concepção do tempo como cíclico remete à ideia de "roda do tempo", admitindo períodos que ocorrem a todo ser vivo do universo entre seu nascimento e sua extinção. Por trás disso está a noção de que a vida é uma repetição de eventos, que a própria sociedade atual reflete acontecimentos do passado, ou seja, conhecendo-se eventos passados, pode-se entender os acontecimentos presentes e estimar os futuros.

Essa visão é recorrente em diversas áreas do pensamento, sendo marcante, por exemplo, nos trabalhos de Nicolau Maquiavel, que era anticlerical (Barros, 2011; Milbank, 2006). Ela tem sido fundamental, por exemplo, para pensar no futuro quase de forma previsível, estabelecendo regras comportamentais sobre como agir quando se apresentarem as condições de outrora.

Na teoria dos valores apresentada aqui, o tempo é admitido como cíclico, porém não absoluto. A repetição não está tanto no conteúdo (nos eventos específicos e circunstanciais), mas na forma, na estrutura de pensamento e modos de conduta que se apresentam, que têm a função de assegurar espaços sociais regulados, que representam o alicerce da sociedade. Deste modo, não se supõe uma evolução ou sequência de eventos que conduza linearmente a um fim último, um padrão determinado de atitudes e comportamentos tido como etapa final. A sociedade é encapsulada, existindo nos limites do permitido, ou seja, os padrões de conduta que ameaçam tendem a ser modificados, reproduzindo elementos históricos do passado que permitiram sua reorganização, sua continuidade.

Como a História, a sociedade é cíclica, autorregula-se; elementos positivos e negativos se sucedem, assegurando que o desequilíbrio social não seja eterno, pois se isso ocorresse, a sociedade em si deixaria de existir. Nesse marco, as crises pessoais e sociais representam a exacerbação de princípios axiológicos em detrimento de outros; a homeostase tende a promover a saúde e permitir a continuidade e "evolução" da sociedade, porém não o abandono da orientação que a tem feito persistir e resistir enquanto corpo social. Depreende-se, assim, que existem princípios ou valores que, como as necessidades, perduram ao longo da história da humanidade.

2.2. OS VALORES HUMANOS NA HISTÓRIA E NAS CULTURAS

Conforme apontado anteriormente, é comum ler ou escutar comentários sobre novos valores, valores dos novos tempos, criação de valores etc., procurando se referir à ideia de que uns valores surgem e outros desaparecem (Goergen, 2005). Porém, os valores têm sido praticamente os mesmos desde as civilizações antigas, embora sejam priorizados de formas variadas e assumindo conotações diferentes. Na obra *Culture and Values* (Cunningham & Reich, 2002) esse aspecto parece evidente. Na época dos povos primitivos, por exemplo, ao observar suas expressões artísticas, nota-se a importância de valores como *sobrevivência* e *religiosidade*, fundamentais para orientar o caos em que se encontrava a vida, comandada por eventos naturais que a ameaçavam. Na Idade Antiga (3.000 a.C.), os povos mesopotâmicos acentuavam valores de *poder* e *prestígio*, refletindo, em certa medida, aspirações advindas do desenvolvimento do primeiro sistema de escrita (cuneiforme), que culminou com o crescimento econômico dessa civilização. Nesse contexto, a criação do código de Hammurabi também sinalizou as concepções axiológicas de *tradição* e *justiça social*, embora ainda de modo rudimentar.

Cunningham e Reich (2002) retratam um Egito antigo marcado pela tradição. Nesse contexto, o conservadorismo e a resistência à mudança foram princípios cultivados pela figura do faraó, que se colocava como um enviado por Deus para governar, o que legitimava o princípio de obediência de todos. Nas civilizações gregas (800 a.C.), enquanto eram valorizados princípios *suprapessoais* (arte, música e literatura), o individualismo já estava presente, representado na mitologia, em que deuses eram a personificação de figuras humanas. Na Roma antiga, o individualismo também se destacava, embora em forma embrionária e, quiçá, mais transcendental, representado nas artes por meio do enaltecimento da figura do imperador. Porém, foi principalmente no período renascentista que essa orientação (o individualismo) se fez notar mais, resultado do humanismo que concebia a liberdade humana. Esse princípio norteador engendrou diversos valores, como os de *beleza, conhecimento, justiça social* e *êxito* (Gouveia, 1998).

É possível também perceber valores correntes na China antiga, onde tanto a *arte* quanto a *religião* demonstravam um senso de unidade de todas as formas de vida, além de uma forte *espiritualidade* e busca pela *transcendência* (Cunningham & Reich, 2002). A propósito, Dahlsgaard, Peterson e Seligman (2005) ressaltam valores (de fato, denominam como virtudes) nos ensinamentos derivados da filosofia moral e política de Confúcio (500 a.C.), que se configuram nos seguintes tipos principais: *jen* (traduzido como humanidade ou benevolência), *yi* (obrigação, justiça ou equidade), *li* (etiqueta ou cumprimento dos ritos de comportamento cerimonioso), *zhi* (sabedoria ou perspicácia) e *xin* (veracidade, sinceridade e boa fé).

Revisando diferentes orientações filosófico-religiosas no mundo ao longo da História (confucionismo, taoísmo, budismo, hinduísmo, cristianismo, judaísmo, islamismo e filosofia ateniense), Dahlsgaard *et al.* (2005) identificaram sete virtudes que comumente são encontradas, quer implícita ou explicitamente: *tradição, coragem, justiça, humanidade, temperança, sabedoria e transcendência*. Pode-se estimar, portanto, que tais virtudes evidenciam a existência de valores humanos congêneres, como podem ser os que cumprem as subfunções *normativa, interativa* e *suprapessoal* (Gouveia *et al.*, 2011).

A história da configuração jurídico-legal na Inglaterra, sobretudo em razão dos conflitos intensificados entre monarcas e nobres no século XIII, evidencia valores bastante claros naquele período. Resistindo ao papel centralizador do rei, que representava o *poder* e a *tradição*, os nobres, primeiramente, e o clero como forma de se opor a usurpação da influência da Igreja, redigiram um documento em 1215 denominado *Magna Charta Libertatum*, que anunciava preocupação com a retidão na *justiça*, evitando perseguições, e a *liberdade* de ir e vir. Esse documento também foi responsável pela criação do Conselho do Reino, posteriormente transformado no Parlamento inglês, que, em 1628, produziu a Petição de Direitos, documento responsável por lembrar o monarca dos direitos conquistados pelo povo, destacando-se o de se defender em processo jurídico regular. Porém, apenas a partir de 1637 o Parlamento ganhou força, consequência do apoio popular, redigindo, décadas depois (1689), o *Bill of Rights*, que limitava os poderes do rei, conferindo-lhe a prerrogativa de definir questões envolvendo impostos, controle do exército e legislação (Castro, 2007). Os sentidos de *liberdade* e *independência* eram claros, mas é principalmente o de *igualdade* que segue orientando os ingleses até hoje.

Paradoxal aos princípios axiológicos que orientavam os ingleses, sua colônia mais próspera, a Nova Inglaterra, posteriormente definida como Estados Unidos da América, viu-se demandada a cumprir exigências de *obediência* plena nos séculos XVII e XVIII. O que era para ser apenas uma colônia provedora de recursos escassos na Europa, logo começou a superar a Inglaterra, criando uma competição indesejável, que se tentava controlar, dentre outras formas, com a elevação de impostos. Essa situação revoltou os concidadãos das terras recém-exploradas, que prontamente se deram conta das incongruências: se na Inglaterra se propagava a independência do rei, como impedir a liberdade da colônia, explorando-a tal como ele o fizera naquele país? A formação religiosa dos ingleses que migraram para o novo território, a dedicação ao trabalho e a orientação em direção aos princípios de *igualdade* e *liberdade* tornaram inevitáveis as decisões de independência, principiadas no estado de Virgínia, cujos cidadãos escreveram a *Declaração de Direitos do Bom Povo de Virgínia* (Castro, 2007; Tocqueville, 1888/1987). Nesse e em outros documentos congêneres se perfilaram valores que, posteriormente, reconheceram-se como tipificadores da cultura individualista estadunidense, como aqueles extrínsecos ou materialistas: sucesso e prestígio (Kasser & Ahuvia, 2002).

Clawson e Vinson (1978) chamam a atenção para o início do século XVIII como cenário em que florescem ensaios sobre os valores humanos por filósofos e líderes religiosos. Porém, já na Grécia Antiga esse tema preocupava, ainda que de forma tangencial (Lima, 1997). É possível encontrar diversos filósofos, como Aristóteles e Platão, que se debruçaram a respeito. Entretanto, de acordo com a ênfase filosófica, não se descreviam valores, mas os prescreviam utopicamente, algumas vezes pensando em estados e governantes perfeitos. Essa posição é representada, por exemplo, no pensamento de Platão, que propõe uma forma de comunismo em que se elimina a propriedade e a família, procurando rechaçar a cobiça e os interesses decorrentes de laços afetivos (Aranha, 1993).

O leitor se perguntará se o conjunto de valores identificados ao longo da História não é resultado do mundo civilizado, embora antigo. Porém, estudos antropológicos esclarecem que povos primitivos tinham valores que hoje são reconhecidos como importantes princípios, por exemplo, *prazer, prestígio, religiosidade* e *tradição* (Laplantine, 2003). A propósito, os estudos de Malinowski (1926/2008), desenvolvidos no início do século passado no arquipélago das Trobriands, habitado pela comunidade melanésia (noroeste da Nova Guiné), demonstram que aquele povo, isolado da influência europeia prevalecente então, evidenciava valores que se pensavam existir apenas em civilizações avançadas. O autor foi capaz de perceber princípios correntes em teorias de valores vigentes, como a que propõem Gouveia *et al.* (2008, 2011), a saber: reciprocidade ou interdependência (subfunção *interativa*), exibição de riqueza e poder (*realização*), obediência às figuras de autoridade, rituais de cerimônia religiosa (*normativa*) e busca do prazer e ações de adultérios (*experimentação*).

Em resumo, parece evidente que os valores, como expressão das necessidades humanas, existem desde a época em que o homem, na pré-história, abandonou o refúgio das cavernas e ficou em pé, reconhecendo a importância de cada um para a sobrevivência e continuidade da espécie. Como princípios-guia responsáveis por assegurar a convivência em sociedade, os valores têm sido fundamentais. Provavelmente, mudam-se as prioridades valorativas, mas não os valores em si. Nesta obra é admitida a concepção de que eles são passados de uma geração a outra por meio de processos de socialização, integrando uma estrutura mental com valores nucleares (centrais) e periféricos (Maio, 2010). Essa concepção, entretanto, será exposta a seguir na análise de estruturas universais do pensamento, partindo de ideias kantianas.

2.3. ESTRUTURAS UNIVERSAIS DO PENSAMENTO

Immanuel Kant, em sua obra *Crítica da razão pura* (1781), oferece uma concepção clara sobre os valores, considerando-os em sentido unívoco e como resultado do cumprimento do "imperativo categórico". Sua aproximação ao tema põe em destaque os valores como categorias, fundamentando, inclusive, concepções recentes a respeito (Gouveia, 1998). Trata-os, portanto, como conceitos fundamentais ou prescritivos que servem de referência para o pensar e o agir do homem diante de objetos, sejam eles morais ou éticos (Lima, 1997). Neles residem as condições *a priori* da experiência, permitindo organizar e reordenar o mundo sensível.

Na concepção kantiana, a razão é compreendida como uma estrutura vazia, sem conteúdos. Tratar-se-ia, portanto, de uma estrutura universal, única e inata para todos os seres humanos, o que sugere que ela não é adquirida pela experiência, mas é, presumivelmente, anterior a ela, sendo, assim, algo *a priori*. Por outro lado, admite que os conteúdos que a razão conhece e a partir dos quais pensa dependem da experiência. Portanto, entende-se que a experiência providencia os conteúdos (a matéria) do conhecimento para a razão, e esta, por sua vez, garante a forma do conhecimento, compreendida como universal (Chaui, 2000). Parece evidente que a matéria do conhecimento, o conteúdo, é *a posteriori*, originando-se com a experiência. Dessa forma, parece clara a ideia de que a estrutura da razão é universal, inata e dada com a concepção do ser humano, que trata de formar os conteúdos que se integram a partir de vivências empíricas, variando no tempo e no espaço. Por ser uma estrutura vazia, a razão serve como referente, funcionando como reguladora e controladora das atividades daquele que procura conhecer.

É importante assinalar, como o faz Chaui (2000), que o fato de a estrutura da razão ser *a priori* implica que vem esta antes das experiências, e não dependendo delas. Compreende uma estrutura organizacional destinada a acomodar as experiências. Por outro lado, os conteúdos que a razão conhece e nos quais se pauta, eles sim, dependem e são construídos em conformidade com a razão. Deste modo, apreende-se que sem esses conteúdos a razão seria sempre vazia, inoperante, nada conhecendo ou sendo inútil para orientar o pensar e o agir humanos. Resumidamente, "a experiência fornece a *matéria* (os conteúdos) do conhecimento para a razão e esta, por sua vez, fornece a *forma* (universal e necessária) do conhecimento" (Chaui, 2000, p. 96).

Kant (1871) foi fundamento para outros filósofos que trataram do tema dos valores, tendo como exemplo destacável Heinrich Rickert (1863-1936). Como assevera Lima (1997), esse autor apresentou uma perspectiva idealista e absolutista frente aos valores, considerando-os como exigências do dever, sendo puramente espirituais e estando isolados dos atos psicológicos. Também considerava o sistema de valores como universalmente válido, supra-histórico, incondicionado e absoluto. Entendia, portanto, que os valores não poderiam ser confundidos com os atos de avaliar coisas, pois subsistiriam, imutáveis, como instâncias verdadeiras *a priori* da vida espiritual, condicionando, sem esgotarem, as experiências moral e ética.

No pensamento de H. Rickert, os valores, apesar de serem um *a priori* teorético-cognitivo, não poderiam ser considerados puramente subjetivos ou arbitrários. Eles não estariam para além da realidade, dado que penetrariam nela, atravessando-a, como a luz que passa através de certos corpos translúcidos. A cultura, assim, apresentar-se-ia como uma região intermediária que iria da natureza aos valores, constituindo uma realidade referida a valores e não podendo confundir-se com a *ideologia*, que apenas manobra com elementos aprioristicos, subjetivos e arbitrários. Contrariamente, a cultura, tratando dos valores ligados aos fenômenos, apenas os recolheria e acomodaria, e não os inventaria. Tais valores, para a cultura, têm de ter um interesse geral, devendo ser reconhecidos e aceitos pela comunidade. Eles permitem distinguir o essencial do acessório, chegar à individuação do fenômeno e dar significado e sentido ao objeto analisado, integrando-o no conjunto (Maltez, 2003).

O pensamento neo-kantiano de Rickert está centrado sobretudo em diferenciar as ciências naturais das culturais ou históricas (Zijderveld, 2006). Ele pensava que o que conferia realmente a especificidade a essas ciências seria sua indissociabilidade dos valores sociais. A propósito, distinguiu dois tipos de valoração: (1) teórica, sem a qual não haveria conceituação histórica (implica um construto intersubjetivo, favorecendo a eleição de objetos, épocas ou personalidades relevantes); e (2) prática, que implica tomada de posição contra ou a favor, não havendo seu lugar na ciência. Segundo defendia, os valores que guiam as escolhas do historiador (valoração teórica) e seus julgamentos (valoração prática) não interessariam à ciência. Quanto à historicidade, essa seria precisamente uma questão de valores "universais", ou seja, socialmente compartilhados (Mata, 2006).

Na direção do que descreve Lima (1997), outro neo-kantiano igualmente importante foi Eduard Spranger. Na segunda década do século passado ele postulou seis tipos de homens, ou propriamente classes de valores, ordenados segundo sua prioridade em termos de consciência axiológica e moral: o tipo econômico estaria na base, descrevendo a pessoa interessada no que é útil, enquanto o religioso ocuparia o topo da evolução, enfocando a unidade do ser; entre esses tipos apareceriam o teórico (o interesse dominante é a descoberta da verdade), o estético (os valores mais altos são os de forma e harmonia), o social (é enfatizado o amor das pessoas) e o político (focado primeiramente no poder).

Esses tipos não foram resultado de observações de qualquer homem vivo, mas modelos especulativos ou padrões do dever ser (normativos) que têm a característica de pairar sobre o homem em quaisquer situações de sua vida. Porém, esse é um apriorismo axiológico diferente daquele de Kant, no sentido de que tais tipos teriam uma causa definida e seriam temporais. Dessa forma, os valores são entendidos como construções culturais.

A tipologia apresentada por Spranger, como já comentado, não foi pensada em conexão estreita com a realidade, fazendo mais sentido como proposições normativas. Não obstante, posteriormente, foi operacionalizada, retratando um instrumento dos valores (*Study of Values*; Braithwaite & Scott, 1991), que tem sido nomeado por Maio (2010) como a primeira tentativa específica de descrever e medir esse construto. Entretanto, para este estudo, importa menos. O que parece mais fundamental é a concepção original kantiana, que, em vez de descrever tipos de valores, reconhece a existência de estrutura mental universal, cujos conteúdos vão sendo construídos e conformados a partir das experiências. Isso permite pensar em organizações valorativas (estruturas) universais, embora com valores ou marcadores axiológicos (conteúdos) que podem variar entre as culturas. É quase certo que em todas as culturas seria possível identificar uma estrutura determinada, apesar de variações em valores específicos, retratando as direções ou os princípios-guia que pautam os comportamentos das pessoas, tendo a função precípua de assegurar a harmonia, estabilidade e continuidade da sociedade. Deste modo, é admissível pensar em valores ou tipologias valorativas universais, descritas a seguir.

2.4. TIPOLOGIAS UNIVERSAIS DOS VALORES

Não é recente a tentativa de definir tipologias ou categorias analíticas, seja como forma de pensar uma sociedade ideal, descrever a evolução social ou os tipos de orientações que assumem (Durkheim, 1893; Tönnies, 1887). Nos anos 1960 e 1970, por exemplo, ficou conhecida a tipologia que contrapunha a modernidade à tradição, sugerindo a evolução das culturas em direção a padrões que dão conta de maior individuação, ênfase na realização, orientação ao futuro, necessidade de informação, tolerância e tendência a assumir riscos (Eisenstadt, 1970; Giddens, 1994; Gusfield, 1967; Yang, 1988). Porém, no final dessa década e início da seguinte, os achados mais consistentes no âmbito dos valores foram proporcionados pelos trabalhos de Geert Hofstede e Ronald Inglehart (Gouveia, 1998), que receberão destaque a seguir.

2.4.1. Dimensões de variação cultural

O modelo de Hofstede (1984, 1991) tem fundamentação eminentemente empírica, partindo de um conjunto de perguntas que descrevem atitudes, crenças e metas no contexto do trabalho. Embora seja feita referência às necessidades humanas, a conexão entre os construtos de valores e necessidades nesse modelo fica mais evidente no capítulo de Ronen (1994). Nele as catorze metas do trabalho ou os valores – esses conceitos são empregados de modo intercambiável – são representados espacialmente em duas dimensões, permitindo retratar as principais necessidades propostas por Maslow (1954).

No final da década de 1970, Hofstede (1984) foi responsável por coordenar uma equipe cujo propósito era mapear as dimensões valorativas a partir das quais as culturas poderiam variar. Nesse caso, essa pesquisa foi realizada em países dos cinco continentes em que a empresa IBM contava com sucursais, abrangendo uma amostra de 100 mil trabalhadores, os quais responderam a uma das versões de seu questionário, que tratava de apreender elementos que caracterizavam os contextos organizacionais das diversas culturas.

Na perspectiva pancultural de Hofstede, as prioridades valorativas levam em conta não as pontuações das pessoas individualmente, mas aquelas das culturas em que elas estão inseridas. Ele definiu a cultura como sendo o "programa mental", responsável por guiar os indivíduos em suas interações cotidianas. Portanto, Hofstede (1991) pensa a cultura como um fenômeno coletivo, determinando padrões ou "programas mentais" para as pessoas, instruindo-as acerca de pensamentos, sentimentos e ações que, em certa medida, determinam os comportamentos a serem socializados.

Com base nas respostas dos trabalhadores em aproximadamente cinquenta países, o autor procurou identificar as dimensões mais importantes para explicar as variações valorativas culturais por meio de análise de componentes principais, levando em conta a média dos participantes em cada item por país. Essa análise estatística dos dados permitiu que ele identificasse quatro dimensões principais de variação transcultural:

Individualismo-coletivismo. Compreende a dimensão que mais se popularizou, quiçá em razão do apelo feito às noções de eu (pessoal) e grupo (social) que se configuram nas principais orientações valorativas (Gouveia, Andrade, Milfont, Queiroga, & Santos, 2003; Mueller & Wornhoff, 1990). Aproximadamente uma década depois da identificação dessa dimensão, Kagitçibasi (1997) reconheceu que os anos 1980 foram o cenário de um paradigma de pesquisa que teve em conta essa dimensão. De acordo com Hofstede (1984), traduz-se na "(in)dependência emocional de grupos, organizações e outras coletividades" (p. 157). Evidencia, portanto, o quanto as pessoas de uma sociedade se sentem responsáveis pelas demais ou mesmo independentes delas.

Distância de poder. Essa dimensão expressa em que medida os subordinados se sentem confortáveis frente ao poder e à autoridade, descrevendo um indicador de aceitação – rejeição da hierarquia. O sentido de poder e hierarquia tem sido um componente comum nos estudos sobre valores humanos (Braithwaite & Scott, 1991), tendo, inclusive, sido combinado com o individualismo--coletivismo para criar a tipologia tetrafatorial proposta por Triandis (1995): individualismo vertical (poder, realização), coletivismo vertical (obediência, cumpridor de deveres), individualismo horizontal (privacidade, independência) e coletivismo horizontal (harmonia, cooperação).

Masculinidade-feminilidade. A masculinidade diz respeito à ênfase no materialismo, aos próprios benefícios. Tratando-se da feminilidade, o centro são as relações interpessoais, ou seja, as interações com outras pessoas (Ickes, 1993). Trata-se, portanto, de uma dimensão previamente mapeada na literatura, retratando a instrumentalidade (masculinidade) e a expressividade (feminilidade) como polos de uma mesma dimensão (Gouveia & Ros, 2000). Apesar de as ideias expressarem os raciocínios sistematizador e empatizador, respectivamente, típicos de homens e mulheres (Baron-Cohen, 2003), a aplicação dessa dimensão não se restringe a diferenciar as pessoas de acordo com o gênero. Pretende, antes, retratar, no contexto do trabalho, formas de lidar com as metas que se apresentam, focando um ou outro tipo de orientação.

Evitação de incerteza. Apreende os graus de ansiedade e preocupação vivenciados pelas pessoas quando confrontadas com situações inesperadas ou incertas, sobretudo vinculadas à questão do futuro. Dessa forma, pode ser pensada com respeito aos construtos de controlabilidade, resistência à mudança e intolerância de ambiguidade (Bortolotti, 2010; Braithwaite & Scott, 1991; Kruglanski, 2004), que compartilham as ideias subjacentes de buscar segurança, resistir à mudança e evitar riscos.

Não resta dúvida sobre a natureza heurística do modelo de Hofstede (1984), cujas dimensões encontram respaldo na literatura (Braithwaite & Scott, 1991), apesar de ele pensar os valores no nível cultural de análise, tratando com pontuações de indivíduos agregadas por país. Também é destacável seu empreendimento de pesquisa, contando com milhares de pessoas de dezenas de países, tendo tais dimensões emergido de análises estatísticas panculturais (levando em conta as pontuações nas metas de trabalho por país). Sugere-se, então, que essas dimensões sejam universais ou *etics*, permitindo comparar as múltiplas culturas (Gouveia & Ros, 2000; Hofstede & Bond, 1984). Não obstante, apenas *a priori* se justifica seu modelo, que carece de uma base teórica e, ainda assim, quando avaliado no contexto de um mesmo país, como o Brasil, suas quatro dimensões não têm sido plenamente identificadas (Hofstede *et al.*, 2010).

Às criticas anteriormente listadas podem ser somadas outras, como as duas indicadas por Gouveia (1998, 2001): (1) o modelo de Hofstede, especialmente a dimensão de individualismo-coletivismo, sugere uma dependência das pontuações das culturas segundo seu desenvolvimento econômico, ou seja, conforme aumentam em riqueza, as sociedades passariam a ser individualistas, abandonando o estilo de vida coletivista; exemplos como os de países asiáticos prósperos (China, Cingapura, Japão) põem em xeque essa assertiva; e (2) são propostas dimensões simples e dicotômicas, gerando oposições de orientações culturais (masculinidade *versus* feminilidade, individualismo *versus* coletivismo). Neste caso, por exemplo, é possível que individualismo e coletivismo se configurem como dimensões independentes e não em polos de única dimensão, expressando, respectivamente, os tipos de orientações pessoal e social (Gouveia *et al.*, 2003).

Um modelo também cultural dos valores, com repercussão ou inserção equivalente ao de Hofstede (1984), foi proposto por Inglehart (1977, 1991).

Porém, ousando mais que aquele, este autor tentou construí-lo a partir de uma base teórica, partindo da concepção de que há uma hierarquia de necessidades (Maslow, 1954). Dessa forma, seu modelo, proposto como uma teoria dos valores políticos, considera duas dimensões valorativas – originalmente são polos de uma mesma dimensão – presentes na literatura (Braithwaite & Scott, 1991): materialismo e pós-materialismo. A seguir, elas serão apresentadas mais pormenorizadamente.

2.4.2. Materialismo e pós-materialismo

Ronald Inglehart tem dado contribuições importantes ao tema dos valores, apresentando, possivelmente, a primeira teoria específica a respeito. O autor propõe um modelo de valores em que a estrutura e o conteúdo são derivados teoricamente, não se limitando a ensaios empíricos, que buscam identificar dimensões a partir de respostas dos indivíduos agregadas por cultura, como o que previamente se descreveu. O livro principal de referência, em que traçou suas ideias fundamentais, foi *The silent revolution* (Inglehart, 1977).

Nessa obra, considerando a teoria da hierarquia das necessidades (Maslow, 1954), o autor pensou a origem dos valores correspondendo às necessidades humanas, propondo seu modelo teórico de forma a enfocar aspectos sociais e culturais dos valores.

Levando em consideração o conjunto de necessidades, Inglehart (1977) tratou de identificar e definir duas dimensões principais que retratam mudanças geracionais e permitem comparar culturas nacionais: materialismo e pós--materialismo. A dimensão materialista cobre as necessidades humanas mais básicas (fisiológicas ou de segurança, por exemplo), sendo operacionalizada por meio de valores que dão ênfase a aspectos materiais e concretos (manter a ordem; combater o aumento de preços). Por outro lado, a dimensão pós--materialista representa as necessidades mais elevadas (autoestima, pertencimento, cognitiva e estética), abarcando valores que acentuam aspectos não materiais, mais subjetivos ou abstratos (aumentar a participação dos cidadãos nas decisões importantes; proteger a liberdade de expressão).

Na concepção de Inglehart (1977), o materialismo compreende o padrão valorativo típico em contextos culturais ou sociedades em que as necessidades mais básicas, como aquelas de segurança (física e econômica), ainda não estão plenamente satisfeitas. Em contraponto, o pós-materialismo seria característico em sociedades industriais avançadas, aquelas em que os recursos financeiros estão disponíveis para a maior parte das pessoas, garantindo a satisfação de suas necessidades básicas.

Dito de outro modo, quando as pessoas de determinada sociedade ou grupo cultural não têm ainda satisfeitas suas necessidades mais elementares, tem lugar o padrão valorativo *materialismo*, justificando que elas se apeguem a coisas concretas, evitem riscos e se pautem em hierarquia. Contrariamente, as ideias, as abstrações e o sentido de igualdade social têm mais destaque quando satisfeitas tais necessidades básicas, dando lugar àquelas de mais alto nível, traduzindo-se no princípio axiológico denominado *pós-materialismo*.

Além de clara relação com a ideia maslowniana de hierarquia de necessidades (Maslow, 1954), Inglehart (1991) tem em conta duas hipóteses principais para explicar as prioridades axiológicas nas culturas e sua modificação. A primeira diz respeito à *hipótese de escassez*, que explica a razão de as pessoas apresentarem determinados padrões valorativos. Estima-se que as pessoas deem importância ao que mais necessitam, atribuindo maior valor subjetivo às coisas relativamente escassas. A segunda trata da *hipótese de socialização*, que sugere que o processo de socialização pelo qual tais pessoas passam é determinante para indicar o que será mais importante para elas. Essa hipótese, então, acentua que é preciso ter em conta o contexto em que as pessoas foram socializadas no início de suas vidas (infância e adolescência), uma vez que seus valores refletem em certa medida as condições prevalecentes durante esse período.

Essas hipóteses são complementares, e, comumente, a segunda prevalece como explicação das prioridades valorativas das pessoas. Um contexto simples pode ilustrar as duas hipóteses. Considere, por exemplo, alguém que vive em um bairro nobre da cidade, com condições econômicas muito satisfatórias. No entanto, essa pessoa cresceu em contexto de escassez, vivenciando uma época de seca acentuada. Embora ela tenha suas necessidades satisfeitas, é provável que siga dando importância a valores materialistas, pois sabe o que significa não ter recursos básicos para viver, por exemplo, a água.

De acordo com o que foi apresentado anteriormente, Inglehart (1977, 1991) sugere que as sociedades e os grupos culturais apresentam uma orientação materialista ou pós-materialista, sendo este último o padrão em direção ao qual tenderiam, representando a máxima evolução. Entretanto, essa é uma visão limitada de cultura, que iguala seu desenvolvimento social à riqueza de um país, a seu processo de industrialização. Não leva em conta, pois, que, como padrão cultural, poder-se-ia seguir sendo materialista. Também opõe materialismo e pós-materialismo, que hoje, já se reconhece, não são contrários: um mesmo país pode apresentar um e outro tipo, correspondendo a uma orientação mista, como ocorre, por exemplo, com a Espanha (Torregrosa, 1994), o Brasil e o Chile (Inglehart, Basanez, Díez-Medrano, Halman, & Luijkx, 2004). De fato, a própria estrutura dessas orientações valorativas tem sido posta em xeque. Inglehart (1991), por meio de análise de componentes principais, observou que os valores se agrupavam em uma estrutura unidimensional bipolar, com os materialistas e pós-materialistas em polos extremos. Complicando mais a situação, Gouveia (1998) tem revisado estudos que dão conta de que tais valores, em algumas culturas, não se opõem, mas se mesclam ou se combinam.

As contrinuições de R. Inglehart são inegáveis. De fato, esse autor inovou ao levar em conta uma teoria específica das necessidades, derivando os itens de seu instrumento (World Values Survey) a partir de uma base teórica (Maslow, 1954); também parecem oportunas suas hipóteses de escassez e socialização para explicar a prioridade que as pessoas dão a determinados valores; e, finalmente, ele oferece explicações para a mudança geracional de valores. Contudo, apesar dessas contribuições, seu modelo também reúne diversas críticas (Abramson, 2011), como a simplicidade, uma vez que considera apenas uma dimensão com dois polos ou, quando muito, duas dimensões (materialismo e pós-materialismo) (Gouveia, 1998); e o fato de não explicar por que, em países nos quais as pessoas foram socializadas em condições econômicas favoráveis (ex., Japão), ainda se dá importância ao materialismo (Furusawa, 2008).

Em resumo, os modelos de Hofstede (1984, 1991) e Inglehart (1977, 1991) permitem identificar dimensões universais dos valores humanos, considerando dados de natureza pancultural. Embora, no geral, tais dimensões possam emergir, também se observam itens que podem não se ajustar adequadamente em uma ou outra delas. Provavelmente, isso reflete que podem existir estruturas universais do pensamento (individualismo-coletivismo, materialismo-pós-materialismo), porém não necessariamente conteúdos. Talvez seja razoável admitir que esses conteúdos são construídos durante o processo ininterrupto de socialização, congruente com a perspectiva kantiana. No entanto, esses dois autores não se detiveram em testar hipóteses de estrutura e conteúdo. Neste âmbito, Schwartz (1992, 2006) tem oferecido contribuição importante, requerendo detalhar seu modelo.

2.4.3. Tipos motivacionais de valores

Milton Rokeach teve um papel decisivo no estudo dos valores em psicologia, podendo mesmo ser chamado de pai da temática como hoje tem sido tratada. Mais que inovar, ele deu vida aos valores como um construto legítimo, independente de outros com os quais costumavam ser associados (atitudes, traços de personalidade, por exemplo). Porém, entre seus méritos não estava a revisão sistemática das pesquisas até então realizadas. Ele apresentou, por exemplo, um instrumento específico para medir os valores (o Rokeach Values Survey), desenvolveu um procedimento para promover sua modificação (método de autoconfrontação) e sugeriu tipologias dos valores (valores instrumentais e terminais, valores políticos). Porém, talvez uma de suas principais limitações tenha sido não desenvolver estudos transculturais para testar a universalidade das tipologias. A propósito, as contribuições de Schwartz (2005) para essa literatura têm sido recorrentes, configurando o tema dos valores como um tópico legítimo da Psicologia Transcultural (Smith & Schwartz, 1997).

A obra de Schwartz (1992, 1994; Schwartz & Bilsky, 1987) representa uma síntese de contribuições nos âmbitos da sociologia e, sobretudo, da psicologia, com destaque para aquelas apresentadas por Rokeach (1973). Nesse sentido, sua definição dos valores primou por elementos consensuais, sendo expressa como um conjunto de crenças pertencentes a fins desejáveis ou a formas de comportamento que transcendem situações específicas, guiando as ações humanas e sendo ordenados por sua importância com relação a outros valores (Schwartz, 1992; Schwartz & Bilsky, 1987, 1990). Há quem discuta se Schwartz de fato conta com uma teoria dos valores ou apenas se limita a organizar recortes conceituais e reunir evidências empíricas em torno de uma tipologia dos valores (Gouveia, 1998; Molpeceres, 1994). Segundo descreve, em seu modelo os valores são pensados cumprindo metas motivacionais, ou seja, visam à satisfação de necessidades humanas básicas, apesar de não ter sido considerada qualquer teoria específica a respeito. Ele procura mapear os valores em um espaço bidimensional, estruturando-os em razão de tipos motivacionais subjacentes.

A proposta de seu modelo foi apresentada inicialmente por Schwartz e Bilsky (1987, 1990), visando a oferecer uma tipologia universal dos valores humanos, pretendendo que o conjunto de valores fosse reconhecido em todas as culturas e os tipos motivacionais emergissem nos diversos países (Schwartz, 2006). Presumivelmente, o caráter universal de seu modelo se pauta em reconhecer necessidades igualmente universais apresentadas pelo ser humano, que são principalmente de três tipos (Schwartz, 2006): (1) biológicas (organismo), garantindo a sobrevivência, (2) regulação das interações (social) e (3) bem-estar e sobrevivência grupal (institucional).

Schwartz (1994, 2006; Schwartz & Bilsky, 1987; Schwartz *et al.*, 2012) desenvolveu seu modelo empiricamente, começando com sete tipos motivacionais, passando a dez, onze e, logo, dezenove. Porém, o modelo com dez ficou mais conhecido, descrevendo-se a seguir (definição entre parênteses): *autodireção* (busca de independência de pensamento e ação, envolvendo escolhas, criatividade e exploração), *estimulação* (busca de excitação, novidades e mudanças na vida), *hedonismo* (busca de prazer e gratificação sexual por parte do indivíduo), *realização* (demonstração de sucesso pessoal e competência de acordo com padrões sociais aceitáveis), *poder* (busca de *status* social e prestígio, além de controle e/ou domínio sobre pessoas e recursos), *segurança* (busca de segurança, harmonia e estabilidade da sociedade, dos relacionamentos e de si mesmo), *conformidade* (restrições de ações, impulsos e inclinações que violam as expectativas e normas sociais vigentes), *tradição* (busca de respeito, compromisso e aceitação de costumes e ideias impostos pela cultura ou religião), *benevolência* (busca e preservação do bem-estar das pessoas com quem se mantém relações de intimidade) e *universalismo* (busca da compreensão, tolerância, aceitação e bem-estar de todos, além da proteção e preservação dos recursos naturais).

A Tabela 1 indica os tipos motivacionais, seus valores específicos representativos e suas fontes. Esses valores são empregados para representar cada um dos tipos motivacionais, compreendendo a *hipótese de conteúdo*. Sua comprovação tem sido efetuada em diversas culturas, checando se tais valores específicos aparecem na região correspondente ao tipo motivacional subjacente (Schwartz & Sagiv, 1995).

TABELA 1. Tipos motivacionais de Schwartz (1994, 2006).

Tipo motivacional	Exemplos de valores	Fontes
Autodireção	Criatividade; curiosidade; liberdade	Organismo; interação
Estimulação	Ousadia; vida variada; vida excitante	Organismo
Hedonismo	Prazer; apreciar a vida	Organismo
Realização	Bem-sucedido; capaz; ambicioso	Interação; grupo
Poder	Poder social; autoridade; riqueza	Interação; grupo
Segurança	Segurança nacional; ordem social; limpeza	Organismo; interação; grupo
Conformidade	Bons modos; obediência; honra os pais e os mais velhos	Interação
Tradição	Humilde; devoto	Grupo
Benevolência	Prestativo; honesto; não rancoroso	Organismo; interação; grupo
Universalismo	Tolerância; justiça social; igualdade; proteção ao meio ambiente	Grupo; organismo

A *hipótese da estrutura* dessa tipologia indica que há inter-relações estreitas entre os tipos motivacionais listados anteriormente. Concretamente, Schwartz (1992) indica que, ao agir tomando um dos valores como meta, suas consequências práticas, psicológicas e/ou sociais podem ser compatíveis ou conflitantes com algum outro valor. Nesse sentido, o presente modelo propõe que os tipos motivacionais se organizam de forma dinâmica ao longo de um círculo, como mostra a Figura 8.

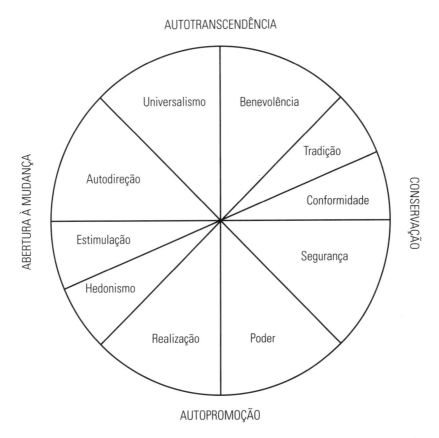

FIGURA 8. Estrutura dos tipos motivacionais (adaptado de Schwartz, 2006, p. 142).

Como é possível observar na figura, os tipos motivacionais adjacentes indicariam maior compatibilidade, evidenciando conflito a partir de seu afastamento, com a oposição no espaço sendo expressão de maior conflito. Portanto, estima-se compatibilidade dos seguintes pares de tipos motivacionais: *poder-realização, realização-hedonismo, hedonismo-estimulação, estimulação-autodireção, autodireção-universalismo, universalismo-benevolência, benevolência-conformidade, conformidade-tradição, tradição-segurança, segurança-poder* e *segurança-conformidade.* Insistindo, o conflito se daria em razão do afastamento ou da oposição entre os tipos motivacionais; por exemplo, *benevolência-hedonismo, tradição-estimulação* e *conformidade-autodireção.*

Ainda de acordo com a Figura 8, a estrutura valorativa proposta apresenta igualmente duas dimensões de ordem superior. A dimensão correspondente ao eixo horizontal seria formada pela oposição entre *abertura à mudança* (compatibilidade entre os tipos motivacionais *autodireção* e *estimulação*), que enfatiza a independência e o favorecimento da mudança, e *conservação* (compatibilidade entre os tipos *tradição, conformidade* e *segurança*), que acentua a estabilidade pessoal, a submissão e manutenção das tradições. A segunda dimensão, na vertical, compreende a oposição entre *autotranscedência* (compatibilidade entre *universalismo* e *benevolência*), que enfatiza a superação dos próprios interesses em função do bem-estar dos outros, e *autopromoção* (*poder* e *realização*), que focaliza a busca de poder e sucesso pessoais.

A tipologia proposta por Schwartz e seus colaboradores (Schwartz, 1992, 1994, 2006; Schwartz & Bilsky, 1987, 1990) tem diversos méritos. Por exemplo, põe ênfase em tipos motivacionais em vez de valores específicos, minimizando o problema de erro de medida; operacionaliza mais claramente e diferencia as hipóteses de conteúdo e estrutura dos valores; e procura reunir evidências acerca da universalidade de um conjunto de valores. Este aspecto, particularmente, representa um avanço em relação aos trabalhos de Rokeach (1973), cujas amostras se limitaram, sobretudo, ao contexto estadunidense. De fato, esse autor propôs a centralidade dos valores, requerendo seu reconhecimento no âmbito da psicologia social, embora tenha sido apenas com Schwartz que esse objetivo foi alcançado (Rohan & Zanna, 2003; Smith & Schwartz, 1997).

Não obstante, ao seguir seu antecessor, ele não conseguiu se desvencilhar de dois problemas básicos: (1) levar em conta uma lista intuitiva de valores, uma vez que mais de 60% dos itens do Schwartz Values Survey (*SVS*) foram derivados do *Rokeach Values Survey* (Schwartz, 1992); e (2) insistir em separar os valores em *instrumentais* e *terminais*, como aparecem no SVS, apesar de reconhecer que essa diferenciação não é substancial (Schwartz & Bilsky, 1990), sendo mais uma questão semântica do que propriamente empírica (Rohan, 2000).

Acrescenta-se ao anteriormente comentado que a proposta de Schwartz não está isenta de críticas mais específicas e contundentes (Molpeceres, 1994; Waege, Billiet, & Pleysier, 2000). Talvez a crítica mais severa seja que esse modelo exige uma base teórica substancial (Gouveia, 1998, 2003), o que, certamente, reflete-se em (a) indeterminação do número de tipos motivacionais, (b) confusão conceitual sobre compatibilidade e congruência de valores, (c) indefinição do que são valores mistos, (d) não diferenciação dos valores com respeito às crenças e (e) omissão de princípio axiológico fundamental, como pode ser aquele de *existência* (Gouveia, Chaves, Dias, Gouveia, & Andrade, 2003; Gouveia *et al.*, 2011) que conforma a dimensão materialista, sendo importante para diferenciar grupos de baixa e alta riqueza em um país (Fischer, Milfont, & Gouveia, 2011).

É preciso destacar que alguns pesquisadores têm encontrado dificuldades em identificar os dez tipos motivacionais, sendo mais comum observar sete ou oito deles (Hinz, Brähler, Schmidt, & Albani, 2005; Perrinjaquet, Furrer, Marguerat, Usunier, & Cestre, 2007), o que pode reforçar prática recente de se levar em conta apenas suas dimensões de segunda ordem (Caprara, Alessandri, & Eisenberg, 2012; Knafo & Spinath, 2011; Lauer-Leite, 2009).

Em resumo, foram expostos aqui modelos teóricos dos valores humanos em nível cultural (Inglehart e Hofstede) e individual (Schwartz). Quanto aos primeiros, embora não sejam o foco principal desta obra, sua relevância é evidente, guardando muitas semelhanças com as tipologias culturais clássicas [por exemplo, comunidade-associação (Tönnies, 1887) e solidariedade mecânica-solidariedade orgânica (Durkheim, 1893)]. Nesse sentido, não parece coincidência que Schwartz e Bilsky (1987) tenham concebido sua teoria dos tipos motivacionais dos valores enfocando interesses individualistas e coletivistas (Hofstede, 1984), assim como Gouveia (2003) tenha admitido uma dimensão denominada "tipo de orientação", definindo dois tipos principais: *social* e *pes-*

soal, além de um terceiro, denominado *central*. Contudo, a discussão sobre a convergência dos modelos cultural e individual extrapola o escopo deste livro. Aqui, a ênfase está na perspectiva que considera este último nível de análise.

Como ficou evidente, os capítulos anteriores procuraram assentar a base da concepção dos valores humanos que fundamenta a *teoria funcionalista dos valores* Humanos. Especificamente, trataram de mostrar que os valores têm origem motivacional, biológica e genética, embora não se limitem a metas urgentes, podendo ser representados neurologicamente e gozando de universalidade enquanto estruturas mentais que orientam a ação humana.

Além disso, foram apresentadas algumas das tipologias conhecidas sobre os valores humanos, responsáveis por mapear suas principais dimensões. Entretanto, antes de detalhar a teoria tratada, resta considerar a razão de elaborá-la a partir de uma perspectiva funcionalista. Portanto, serão considerados a seguir os principais elementos que compõem o funcionalismo. Por sua natureza social, essa teoria não se limita ao funcionalismo como corrente psicológica, mas também o tem em conta no âmbito dos pensamentos antropológico e sociológico.

3 FUNDAMENTOS DO FUNCIONALISMO

Primeiramente, é importante assinalar o que se entende nesta obra por "função", que apresenta uma variedade de significados, dependendo do contexto. Radcliffe-Brown (1952), por exemplo, expõe o seguinte:

> Na matemática, conforme apresentada por Euler no século XVIII, a palavra [função] refere-se a uma expressão ou símbolo que pode ser escrito no papel como «log. x», e não tem qualquer relação com a palavra tal qual é empregada numa ciência como a fisiologia. Na fisiologia o conceito de função é de fundamental importância para capacitar-nos a tratar da inseparável relação de estrutura e processo da vida orgânica. Um organismo complexo, tal como o corpo humano, tem a estrutura como uma disposição de órgãos, tecidos e fluidos. Mesmo um organismo que consista de uma única célula tem certa estrutura como um ajustamento de moléculas. O organismo tem também vida, e esta designamos de processo. O conceito de função orgânica é aquele que empregamos para designar a correlação entre a estrutura de um organismo e o processo vital desse organismo. (p. 22).

No que diz respeito ao funcionalismo, Kuklick (2002) entende que, amplamente falando, refere-se a uma gama de teorias nas ciências humanas, as quais procuram oferecer explicações de seus fenômenos em termos de funções ou propósitos aos quais eles servem. Esses modelos foram elaborados no período compreendido entre as últimas décadas do século XIX e a primeira metade do XX, que, virtualmente, em todas essas ciências apareceram escolas de pensamento que se denominavam funcionalistas. Comumente, o ponto de partida de todas elas foi a teoria evolucionista darwiniana; porém, os múltiplos argumentos deste modelo teórico admitiu diversas interpretações, resultando em uma variedade de funcionalismos. Neste capítulo não nos interessam todos os tipos de funcionalismo, mas aquele que tem como origem ou referente os desenvolvimentos na psicologia e áreas afins.

Falar sobre funcionalismo, ao menos em psicologia, demanda mencionar William James, sobretudo sua obra *Principles of Psychology* (1890), que compreende uma abordagem que enfatiza a função da mente humana, evitando falar de sua estrutura, como defendida por Edward Titchener, que foi discípulo de William Wundt e um dos representantes do movimento conhecido como *estruturalismo*. Embora James tenha sido o pai das ideias funcionalistas nesse âmbito, enquanto estrutura o funcionalismo teve como fundadores John Dewey e James Angell, configurando-se como seus maiores promotores Harvey Carr e Robert S. Woodworth (Green, 2009; Marx & Hillix, 2000). Apesar de o contexto histórico e o papel dos propulsores desta corrente ou sistema de pensamento em psicologia serem temas instigantes, não é o foco desta obra aprofundar o tema. A intenção é apenas resgatar as ideias principais, de modo a favorecer o entendimento da natureza funcional do modelo teórico proposto acerca dos valores humanos, considerando as vertentes psicológica, sociológica e antropológica.

3.1. PERSPECTIVA PSICOLÓGICA DO FUNCIONALISMO

De acordo com Kuklick (2002), a psicologia funcionalista tem sido extremamente influente. Nela, o indivíduo se constitui como a unidade básica de análise e a ação individual é conceituada em termos de processos recorrentes de adaptação voluntária. Como indicado anteriormente, William James foi seu marco inicial. Ele concordava com Titchener quanto ao objeto da psicologia ser os processos conscientes, porém, entendia que o estudo desses processos não poderia se limitar a uma descrição de elementos, conteúdos e estruturas. Contrariamente a Titchener, considerava que a mente consciente é um fluxo constante, estando permanentemente em interação com o meio ambiente. Disso decorre que sua atenção tenha se voltado para a *função* dos processos mentais conscientes, admitindo que a psicologia deveria contemplar aspectos tão diversos como as emoções, a vontade, os valores e as experiências religiosas e místicas. Porém, opunha-se à abordagem especulativa e metafísica, primando por uma disciplina científica equivalente às ciências naturais, com ênfase em estudos empíricos, sistemáticos e quantitativos.

Segundo Marx e Hillix (2000), um funcionalista comumente se interessa pela "função do comportamento e da consciência do organismo, na sua adaptação ao meio" (p. 186). Esses mesmos autores retratam que o funcionalismo tornou-se uma escola formal de psicologia em Chicago, sob a liderança de James Angell e Harvey Carr. George Mead, embora fosse professor de filosofia, também realizou cursos e seminários sobre o método científico na psicologia, com destaque para a psicologia da linguagem e a psicologia social, estando intimamente ligado aos funcionalistas do Departamento de Psicologia da Universidade de Chicago. Entretanto, apesar de o modo de fazer psicologia integrar os funcionalistas, existe toda uma discussão sobre se, de fato, houve uma só psicologia funcionalista, do mesmo modo que parecem ter prevalecidos outros sistemas (por exemplo, existencialismo ou behaviorismo).

A propósito do anteriormente comentado, argumentam Marx e Hillix (2000) que, se o funcionalismo for pensado apenas como movimento de oposição ao estruturalismo, seu falecimento veio com a sucumbência deste. Porém, se ele for pensado como um conjunto congruente de princípios metodológicos, independentemente do objeto de estudo, terá sido abarcado pelo behaviorismo, que foi, inclusive, mais vigoroso e audacioso. Não obstante, pontuam esses autores – tomando-o como um conjunto fundamental de valores e procedimentos que enfatizam os atos adaptativos e as relações funcionais demonstradas empiricamente –, segue exercendo influência na psicologia. Embora essa conjuntura se afirmasse nos anos 1960, possivelmente segue válida nos dias de hoje e, precisamente, é a perspectiva assumida nesta obra. De fato, o "modo de ser funcionalista" sobreviveu, sendo evidente em alguns psicólogos contemporâneos (Tetlock, 2002; White & Klein, 2008; Williams, 2009) que podem ser chamados de neofuncionalistas.

O ponto de vista funcionalista sustenta que a mente deve ser estudada de acordo com sua utilidade para o organismo, tendo em conta a adaptação ao meio. Nesse sentido, sugere que os estudos a partir dessa perspectiva respondam à pergunta "para que é?", e não "o que é?" a mente. Comumente, os psicólogos funcionalistas definem a psicologia como uma ciência biológica interessada em estudar os processos, as operações e os atos psíquicos (mentais) como formas de interação adaptativa. Partem do pressuposto da biologia evolutiva, segundo o qual os seres sobrevivem se têm as características orgânicas e comportamentais adequadas à sua adaptação ao ambiente. Quanto a essa função adaptativa, na abordagem funcionalista parece implícita a concepção de que as pessoas buscam o prazer (*princípio do prazer*) e evitam a dor (*princípio da realidade*), ou seja, a decisão de retardar o ganho hedônico tem um papel central no funcionamento adaptativo do indivíduo. De fato, tem-se mostrado que pessoas capazes de retardar o impulso imediato apresentam características pessoais e interpessoais mais favoráveis do que aquelas orientadas ao prazer imediato (Williams, 2009).

Embora os funcionalistas comumente empreguem o termo "função" indistintamente, ele tem, ao menos, dois sentidos específicos. Por um lado, compreende o estudo sobre como determinado processo mental opera em cada indivíduo, e, por outro, como dito processo funciona na evolução das espécies. Portanto, a diferença se situa em termos de (1) entender como os sistemas (mentais) interagem na execução do comportamento e (2) conhecer que propriedade de adaptação é mais provável de ser selecionada ao longo da evolução. Desse modo, essa perspectiva teórica ou abordagem é ainda influente na psicologia, uma vez que a importância dada ao processo em lugar da estrutura segue recorrente. No entanto, reconhece-se que, enquanto escola de pensamento, as ideias funcionalistas não se mantiveram coesas, mas se disseminaram em diversas correntes e teorias, tendo sido incorporadas posteriormente (Marx & Hillix, 2000).

A perspectiva funcionalista se fez presente já nos primórdios da psicologia social e da personalidade, sobretudo a partir das contribuições de Robert Woodworth, com seu livro *Psychology: a Study of Mental Life* (1921), que trata de temas como sentimentos, emoções, motivações e traços de personalidade. Apesar de ser classificado como funcionalista, na verdade esse autor procurou ser um pacificador entre as diferentes abordagens, desejando ser mais conhecido por formular a perspectiva da psicologia dinâmica. Nesse sentido, sua forma de pensamento funcionalista foi transportada a uma visão dinâmica que realçou, por exemplo, a motivação para a compreensão do comportamento humano. A propósito, aproxima-se da concepção funcional de valores, quando apresenta a seguinte passagem:

> Alguns dos instintos mais conhecidos, tais como os de alimentação, acasalamento, caça, fuga do perigo ou hibernação de sapos são tão essenciais para a sobrevivência do indivíduo ou a propagação da próxima geração que tendemos a assumir que todo o comportamento instintivo tem "valor de sobrevivência", valor, ou seja, para a sobrevivência do indivíduo ou da raça. (p. 114).

Mesmo com essa evidência inicial, a abordagem funcionalista ainda tardaria a ser central em psicologia social, tendo se popularizado primeiramente no âmbito dos estudos sobre atitudes. Provavelmente, o principal responsável por esse movimento a partir da segunda metade do século XX tenha sido Daniel Katz, com seu artigo "The Functional Approach to the Study of Attitudes" (Katz, 1960). Seus interesses se situavam em estereótipo, preconceito racial e, principalmente, mudança de atitudes. Quanto a este último aspecto, argumentou que, no nível psicológico, as razões para manter ou modificar as atitudes poderiam ser encontradas nas funções que elas desempenham para o indivíduo, especialmente aquelas denominadas de *ajustamento*, *defesa do ego*, *expressão valorativa* e *conhecimento*. Esses tipos de funções têm sido considerados por diversos autores contemporâneos, fundamentando suas pesquisas em setores variados, como consumo (Allen, Ng, & Wilson, 2002), preconceito (Herek, 1987), atitudes ambientais (Milfont, 2009) e identidade social (Shavitt & Nelson, 2000).

Tratando especificamente dos valores humanos, Milton Rokeach dedica quatro páginas de seu livro *The Nature of Human Values* (Rokeach, 1973) a suas funções. Basicamente, toma como fio condutor o trabalho de Katz (1960), procurando acrescentar uma função motivacional. Foram seis, então, as funções identificadas e descritas, como seguem:

Valores como um padrão ou critério de orientação: tratados como critérios multifacetados que guiam a conduta humana, os valores (a) fazem o indivíduo tomar posição específica diante de ideias, situações e comportamentos; (b) predispõem-no a favorecer determinada ideologia política ou religiosa frente a outra; (c) orientam sua apresentação aos demais; (d) possibilitam estimar elogios e fixar culpa tanto em si mesmo como nos outros; (e) favorecem o processo de comparação social; (f) podem ser empregados para persuadir e influenciar os demais; e (g) permitem racionalizar suas crenças, atitudes e ações que, de outro modo, seriam pessoal e socialmente inaceitáveis, ameaçando os aspectos instrumentais de moralidade e competência pessoal, cruciais para assegurar a autoestima.

Valores como plano geral para resolução de conflito e tomada de decisão: concebe-se que determinada situação poderá ativar múltiplos valores do indivíduo, em lugar de um único. Portanto, pode-se tornar evidente um conflito entre valores específicos frente à eleição de certo comportamento, o que é evitado ao considerar seu sistema de valores como uma organização de princípios e regras aprendidos (um plano geral) que ajudam a fazer uma escolha congruente entre alternativas, solucionando conflitos e favorecendo as decisões. No caso, esse plano geral pode ser comparado a um mapa, em que apenas uma parte dele imediatamente relevante é consultada, sendo o resto ignorado no contexto específico.

Valores como princípios motivacionais: o autor considerou dois conjuntos de valores – instrumentais e terminais. A base motivacional dos valores instrumentais está nos modos idealizados de conduta percebidos como meios para alcançar metas finais desejáveis. Por outro lado, a base motivacional daqueles terminais tem origem em sua condição de representarem uma suprameta, que sobrepassa as metas mais imediatas e biologicamente urgentes, além de se configurarem em recursos empregados pelas pessoas para manterem e intensificarem sua autoestima.

Valores como princípios adaptativos: presume-se que o conteúdo de alguns valores destaca modos de conduta ou estados finais de orientação adaptativa ou dirigidas à utilidade (como obediência, cordialidade, prestígio, ordem social). Porém, outros valores assumem menor destaque como tendo essa função adaptativa, compreendendo, principalmente, os que primam pela realização e aqueles que põem ênfase no prazer (poder, hedonismo, logro).

Valores como recurso de defesa do ego: as necessidades, os sentimentos e as ações pessoal ou socialmente inaceitáveis podem ser prontamente reformuladas por meio de processos de racionalização e formação reativa em termos mais aceitáveis. Nesse ponto, os valores representam conceitos endossados pela cultura para assegurar que tais justificativas tenham lugar naturalmente, sem representarem qualquer problema para o eu ou demandarem esforço adicional.

Valores como busca de conhecimento ou autorrealização: embora não indicado ou assumido, parece evidente a concepção maslowniana sobre os valores (Maslow, 1954). Considera-se que, explícita ou implicitamente, alguns valores (por exemplo, sabedoria, independência, sentido de realização) proporcionam a busca de significado e compreensão da vida, traduzindo-se na função de conhecimento ou propriamente autorrealização, que fornece uma forma estruturada de perceber a vida e reagir a problemas sociais.

Em resumo, apesar de reconhecer a natureza funcional dos valores humanos, Rokeach (1973) limitou-se a reproduzir esquemas conceituais, sem implicações em suas pesquisas ou práticas na área. Contudo, teve um *insight* importante ao indicar que, "se as funções imediatas dos valores e sistemas de valores são guiar a ação humana em situações diárias, sua função a largo prazo é dar expressão às necessidades humanas" (p. 14). Parece emergir, portanto, uma concepção de funções principais, que encerrariam todas as demais e dariam sentido aos valores humanos. Porém, desde então pouca atenção tem sido realmente dada à perspectiva funcionalista dos valores, quiçá se configurando uma exceção o trabalho de Allen *et al.* (2002). Essa situação, entretanto, começou a mudar na última década, o que incentivou a proposta da teoria que ora recebe atenção neste livro (Gouveia, 2003; Gouveia *et al.*, 2009, 2011). Contudo, antes de considerá-la, é preciso compreender o pensamento funcionalista em sociologia e antropologia.

3.2. PERSPECTIVA SOCIOLÓGICA DO FUNCIONALISMO

O funcionalismo, ou estrutural-funcionalismo, como também é conhecido na área, tem sido compreendido em termos da teoria de ordem e estabilidade ou teoria do equilíbrio. Concretamente, a estabilidade é concebida como uma característica que define a estrutura, descrevendo atividades necessárias para a sobrevivência do sistema ou da sociedade, ou seja, a sociedade tem requisitos funcionais ou imperativos que produzem diferentes estruturas que se especializam em realizá-los. Originalmente, compreende uma teoria geral que procura explicar instituições sociais como meios coletivos para alcançar necessidades biológicas dos indivíduos; posteriormente, foca as maneiras que as instituições sociais logram satisfazer necessidades sociais (Ritzer, 2010).

O trabalho de Émile Durkheim, sobretudo a obra *Da divisão do trabalho social* (Durkheim, 1893), já citada, foi fundamental para definir as bases do funcionalismo. Nela se discute como as sociedades mantêm estabilidade interna e asseguram sua sobrevivência ao longo do tempo, sendo crucial para esse entendimento o conceito de solidariedade. Dois tipos de solidariedade foram identificados, retratando sociedades diferentes em termos das estruturas apresentadas. A *solidariedade mecânica* seria o padrão de sociedades primitivas, em que todos realizam tarefas similares, fazendo que a sociedade se mantenha integrada. Tais sociedades tendem a ser segmentárias, compostas de partes equivalentes que se mantêm juntas por compartilhar valores, símbolos comuns e sistemas de trocas. Por outro lado, a *solidariedade orgânica* descreve sociedades mais complexas, em que seus membros realizam diferentes tarefas, resultando em interdependência forte entre eles. Congruente com a metáfora de um organismo, as partes funcionam de forma integrada para assegurar o todo.

Os funcionalistas têm se dedicado desde então a dar seguimento aos trabalhos de Durkheim, procurando explicar a estabilidade aparente e a coesão interna das sociedades, que, estima-se, são necessárias para garantir sua existência através do tempo. Nessa direção, argumenta-se que as instituições sociais são funcionalmente integradas para formar um sistema estável e que a mudança em uma instituição ocasionará mudança em outras instituições. As sociedades são então percebidas como coerentes, delimitadas e relacionais, funcionando como organismos, em que várias partes (instituições sociais) atuam juntas para se manter e se reproduzir.

De acordo com essa perspectiva, todo fenômeno social e cultural é visto como funcional, no sentido de terem vida própria e se reunirem para assegurar a estabilidade da sociedade. Portanto, para compreender os componentes da sociedade, deve-se indagar: qual a função desta instituição? Assim, uma função corresponde à contribuição de um fenômeno ou uma instituição para o sistema mais amplo do qual faz parte. Resumem-se a seguir as ideias de alguns dos funcionalistas principais, que guiaram os ensaios nessa área de estudo (Ritzer, 2010; Thio, 2005; Van den Berghe, 1963):

Herbert Spencer. Foi um filósofo britânico, algumas vezes pensado como sociólogo e outras como antropólogo, que aplicou a Teoria da Seleção Natural à sociedade, tendo sido considerado verdadeiramente o primeiro sociólogo funcionalista. De fato, seus ensaios (Spencer, 1900) serviram de *insights* para autores importantes, como Émile Durkheim e Talcott Parsons. Diferentemente das teorias evolucionistas de sua época, seu modelo era cíclico, começando com a diferenciação (como no caso da origem da célula) e aumentando para a complexidade de um corpo orgânico (o indivíduo) ou super-orgânico (o sistema social), seguido de um estado flutuante de equilíbrio (ajustamento, adaptação) e desequilíbrio e, finalmente, chegando a um estado de desintegração ou dissolução.

Esse autor pensava que a sociedade se deparava constantemente com pressões (internas e externas) de seleção que a forçava a adaptar sua estrutura interna por meio da diferenciação (Dagg, 2003). Dessa forma, não se pode considerá-lo um determinista. Sua obra acentua três requisitos básicos de sistemas super-orgânicos: (1) a necessidade de assegurar e circular recursos, (2) a necessidade de produzir substâncias usáveis e (3) a necessidade para regular, controlar e administrar as atividades do sistema. Em sociedades tribais, tais necessidades são inseparáveis, e o sistema de parentesco representa a estrutura dominante para satisfazê-las. Porém, com o aumento da população, emergem problemas em relação aos recursos disponíveis e à sobrevivência dos indivíduos, criando formas novas de organização e abrindo lugar, por exemplo, à divisão do trabalho, com funções mais especializadas de coordenação e controle das várias unidades sociais, assegurando a produção e a distribuição dos recursos.

Talcott Parsons. Recebeu influência de diversos outros, como Herbert Spencer, Émile Durkheim e Max Weber, sintetizando muitos de seus trabalhos na proposta da teoria da ação. Ele deu ênfase considerável à concepção de sistema social (Parsons, 1959/1976), definindo-o como formado por ações de indivíduos. Partiu da ideia de interação entre dois indivíduos diante de uma variedade de escolhas sobre como podem agir, escolhas influenciadas e delimitadas por um número de fatores físicos e sociais. Portanto, a base empírica para seu marco de referência é um grupo de indivíduos interagindo (atores sociais), os quais têm metas específicas que desejam cumprir, precisando considerar as oportunidades (os meios) disponíveis em um conjunto particular de condições (as situações).

Estudando a ação social, Parsons procurou explicar fatores individuais e situacionais que motivam as pessoas a agirem da maneira que o fazem, destacando os seguintes aspectos de seu modelo: (1) os sistemas são ordenados e suas partes interdependentes; (2) tais sistemas tendem à meta de equilíbrio ou automanutenção; (3) podem ser inertes ou mudar de modo ordenado; (4) cada parte do sistema tem um efeito na maneira que as outras partes podem se apresentar; (5) os sistemas criam e mantêm demarcações, separando-os de seus ambientes; (6) a alocação e a integração são necessárias para o sistema alcançar um estado de equilíbrio; e (7) os sistemas tenderão à automanutenção por assegurar seus limites, as relações interdependentes entre as partes e as relações entre as partes e o todo, assim como por controlar as variações no ambiente e a tendência dos sistemas de produzir mudanças internas.

O autor não tratou apenas de enfatizar a estrutura. Desenvolveu também concepções sobre as funções dos atores sociais, compreendendo atividades que cumprem metas de realizar as necessidades do sistema (Parsons, 1959/1976; Parsons & Shils, 1951/1968). Quatro metas principais foram identificadas: adaptação (como o sistema lida com seu ambiente externo para adaptar-se a ele ou adaptá-lo com o fim de cumprir suas próprias necessidades), realização de metas (a definição e a realização de metas primárias do sistema), integração (como o sistema regula a relação de suas várias partes, assim como a relação entre os três outros imperativos funcionais) e, finalmente, latência ou padrão de manutenção (como o sistema provê, mantém e rejuvenesce a motivação dos indivíduos e padrões culturais que estimulam e mantêm dita motivação).

Cada função dessa, argumenta o autor, é manejada por um sistema diferente. Em termos amplos, a adaptação o é pelo organismo comportamental que se ajusta ao e transforma o mundo exterior; a realização de metas é gerenciada pelo sistema de personalidade, que define as metas do sistema e mobiliza os recursos necessários para alcançá-las; a integração é obtida pelo sistema social que controla os vários componentes do sistema total; e, por fim, a latência é assegurada pelo sistema cultural que provê aos indivíduos as normas e os valores que os motivam a agir. O autor pensava que os indivíduos têm expectativas acerca de ações e reações dos demais a seu próprio comportamento, sendo que tais expectativas seriam "derivadas" das normas e valores aceitos na sociedade em que estão inseridos, dando origem a múltiplos papéis sociais. No entanto, ele não admitia que o sistema valorativo cultural da sociedade fosse completamente integrado ou estático, definindo-o como um complexo estado de transformação do qual faz parte.

Robert Merton. Claramente um funcionalista, concordou com a maioria das ideias de Talcott Parsons, embora com alguma resistência à sua generalização. Concretamente, criticou os aspectos referentes às ideias de unidade funcional, funcionalismo universal e indispensabilidade. Nesse sentido, admitia que nem todas as partes de uma sociedade complexa trabalham para sua unidade funcional: algumas podiam ter outras funções ou, inclusive, ser disfuncionais (Merton, 1949/1972). Isso porque nem todas as estruturas são funcionais para a sociedade como um todo, podendo ser apenas para determinadas pessoas ou grupos. Reconhecer essa possibilidade disfuncional, segundo o autor, seria fundamental para explicar o desenvolvimento e a persistência de alternativas. Esta concepção de alternativas funcionais é crucial por reduzir a tendência do funcionalismo para reforçar o *status quo*. Sua teoria da desviação é derivada da ideia de anomia (Merton, 1938), como defendida por Émile Durkheim, sendo importante para compreender como mudanças internas podem ser produzidas dentro de um sistema. Na sua concepção, a anomia indica uma descontinuidade entre as metas culturais e os métodos disponíveis aceitos para alcançá-las.

Segundo Merton (1938), existem cinco situações principais com as quais um ator tem que se deparar: (1) conformidade (quando um indivíduo tem os meios e deseja cumprir as metas culturais inculcadas nele), (2) inovação (um indivíduo se esforça para alcançar as metas culturais aceitas, mas opta por fazê-lo um método novo ou não aceito), (3) ritualismo (quando um indivíduo continua a fazer as coisas proscritas pela sociedade, não logrando a consecução das metas), (4) reclusão (compreende a rejeição de meios e metas da sociedade) e, finalmente, (5) rebelião (combinação da rejeição e substituição dos meios e metas da sociedade).

De acordo com esse esquema conceitual, as mudanças na sociedade, embora sejam negadas e existam tendências de controlar os indivíduos, podem ocorrer por meio da inovação ou rebelião em determinados momentos, ganhando força e requerendo, por parte da sociedade, que se adapte a elas ou lide com sua dissolução. Além dessas contribuições conceituais, o autor também ofereceu uma diferenciação entre funções manifestas e latentes. As primeiras compreendem intenções conscientes dos atores, enquanto as últimas dizem respeito às consequências objetivas de suas ações, comumente não intencionais. Portanto, reconhece que algumas vezes as ações cumprem uma função da qual o ator não é consciente, e isso corresponde à sua função latente.

Em resumo, além de citar Durkheim, foram apresentados três autores importantes que definem a corrente ou as ideias do funcionalismo em sociologia (Spencer, Parsons e Merton). Reconhece-se, porém, que não se encerraram todas as contribuições que vieram dessa disciplina, assim como também foram apenas sumariamente referidas, elencando algumas concepções principais. Autores como Bingham Powell, Gabriel Almond, Kingsley Davis e Wilbert Moore, por exemplo, poderiam ser lembrados. Entretanto, as ideias principais de estabilidade das sociedades e culturas (consenso e equilíbrio dinâmico; Van den Berghe, 1963), sem que se consagre a inércia social, parecem configurar o conjunto das contribuições elencadas e compreendem explicações que mostram como diversos princípios-guia podem existir em diferentes contextos, assegurando sua coesão e estabilidade, mas não impedindo mudanças cíclicas. A seguir, serão descritas as contribuições em outra área correlata da psicologia: a antropologia.

3.3. PERSPECTIVA ANTROPOLÓGICA DO FUNCIONALISMO

Embora seja comum identificar os mesmos autores da sociologia para representar a corrente funcionalista na antropologia, justificando o tronco comum das ideias durkheimianas, essa área também teve nomes próprios, e isso justifica a especificidade dessa perspectiva ou abordagem, que comunga a ideia inerente de interdependência entre os padrões comportamentais e as instituições dentro de um sistema social, com o fim de assegurar a sobrevivência do grupo. Diferentemente do funcionalismo no contexto da psicologia, que foca o indivíduo, nessa disciplina e na anterior o objeto de interesse se desloca para o grupo, considerado não como entidade biológica, mas social. Três nomes de destaque na área são Bronislaw Malinowski, Marcel Mauss e Albert Radcliffe-Brown, cujas ideias serão resumidas a seguir.

Bronislaw Malinowski. Este autor teve papel importante no rumo seguido pela antropologia enquanto ciência com objeto e método próprios, contribuindo para romper com sua concepção especulativa e histórica, e introduzindo uma visão a-histórica das instituições sociais. Um de seus estudos mais conhecidos, desenvolvido nas ilhas Trobriand, ao longo da costa oriental da Nova Guiné, permitiu-lhe escrever duas importantes obras com impacto decisivo nas ciências sociais: *Argonautas do Pacífico Ocidental* (Malinowski, 1922/1976) e *Crime e costume na sociedade selvagem* (Malinowski, 1926/2008).

O autor sugere que as práticas culturais têm funções psicológicas e fisiológicas, tais como a redução do medo e a satisfação dos desejos. Nesse ponto, concebe que as pessoas têm necessidades (fisiológicas) e que as instituições sociais procuram atendê-las. Concretamente, teoriza um conjunto de sete necessidades individuais básicas (*nutrição, reprodução, conforto, segurança, relaxação, movimento* e *crescimento*) e quatro respostas instrumentais a tais necessidades (*econômica, controle social, educação* e *organização política*), que, por sua vez, demandam dispositivos institucionais. Além destas, considera que existem também necessidades integrativas, com a função de produzir a integração da cultura, criando o mundo do conhecimento, da magia e da religião (Siqueira, 2007).

De acordo com seu pensamento, cada instituição conta com pessoal, um mapa, um conjunto de normas ou regras, atividades, tecnologia e uma função que tornam possível a satisfação dessas necessidades. Essa concepção funcionalista evidencia uma ligação permanente entre os elementos de uma realidade social, vinculando as necessidades dos homens e os sistemas sociais. A cultura, então, funcionaria como um órgão regulador, que promove o sentido da organização social. No marco teórico proposto pelo autor cabe destacar a concepção de *mapa* (Giumbelli, 2002). Cada instituição conta com um *mapa* próprio, que une e dá sentido às representações de grupos sociais, sendo fundamental para assegurar a sobrevivência e a continuidade da cultura, pois contempla a definição, a estrutura e a finalidade do grupo institucionalizado, assim como as regras que seus membros devem obedecer.

Marcel Mauss. Não foi apenas um seguidor de Émile Durkheim, mas era também seu sobrinho, estudando com ele e sendo seu assistente, sucedendo-o na revista *L'Année Sociologique*. Porém, discorda de seu tio em um aspecto importante: considerava que excluir completamente as contribuições da psicologia para a compreensão de comportamentos sociais seria um erro, uma vez que os seres humanos são sociais, mas também fisiológicos e psicológicos. Apesar disso, procurou distinguir a antropologia da psicologia, enfocando aspectos culturais, embora essa diferenciação seja menos nítida em relação à sociologia. A propósito, em um de seus livros mais conhecidos – traduzido para o português –, *Sociologia e Antropologia* (Mauss, 1950/2003), ele expressou seu compartilhamento de tais áreas. Sua concepção acentuava a importância de estudar as representações coletivas, consideradas inconscientes e independentes da vontade do indivíduo particular.

Esse autor fez um estudo amplo sobre os presentes, as trocas ou formas de contratos nas sociedades arcaicas/primitivas, objetivando compreender sua importância (Mauss, 1950/2003). Nesse caso observou que, em todos os tempos, um elemento basilar das sociedades é o intercâmbio e a dádiva; tribos intercambiam tudo o que consideram importante, como festas, comidas, riquezas e mulheres. Um de seus conceitos centrais é o de prestações totais, e se dá quando um chefe ou um grupo compete com outro em relação a quem pode dar mais. Nesse contexto, considera que dar, receber e retribuir são momentos distintos e fundamentais para constituir e manter as relações sociais. Ele demonstra em seus estudos que os presentes, considerados prestações aparentemente livres e gratuitas, são, de fato, obrigatórios e interessados. Coerentemente, sugere que a vida dos primitivos é mais complexa e ativa do que se pensava, e o que pode parecer estritamente econômico, como a troca, tem relação estreita com a moralidade e a religiosidade. Sua noção de totalidade do fenômeno social evidencia que o homem é um ser indissociável psico-orgânico e social, porém, reconhece que a sociedade não é uma massa homogênea, sendo constituída de grupos e subgrupos que se inter-relacionam, sob a base da reciprocidade e dos laços contratuais compartilhados pelos membros de determinado grupo social ou cultura.

Albert Radcliffe-Brown. Também influenciado por Durkheim, esse autor dá ênfase a práticas instituídas, considerando que elas contribuem com a manutenção e a sobrevivência do sistema social como um todo (Radcliffe-Brown, 1952/1973). Ele considerava que a antropologia teria interesse em identificar hábitos padronizados que mantinham o organismo social em uma condição de equilíbrio dinâmico, ou seja, estruturas relativamente estáveis que regulam as relações entre os indivíduos e favorecem sua adaptação ao ambiente. Portanto, sua perspectiva foi mais funcionalista estrutural, dando atenção à estrutura social. A sociedade é vista por ele como um sistema de relações, mantendo-se por meio de *feedback*, enquanto as instituições compreendem conjuntos ordenados de relações, cuja função é manter a sociedade como um sistema. Conforme o que foi sugerido no início do capítulo, sua concepção funcionalista é similar àquela descrita na fisiologia: designa a interconexão entre a estrutura (social) e o processo (de vida social).

Coerente com sua perspectiva teórica, Radcliffe-Brown (1952/1973) argumentava que o sistema social (a sociedade) tem uma unidade funcional, compreendendo a ideia de que todas as partes agem conjuntamente para assegurar a própria manutenção. A relação das instituições com a estrutura social foi considerada dupla: de um lado, a estrutura social, como a família, para cujas relações constituintes as instituições proporcionam as normas; de outro, o grupo ou a sociedade local, na qual a norma é estabelecida pelo reconhecimento geral dela como a que determina a conduta adequada. Nesse contexto, o emprego de estrutura social designa certa espécie de ajuste ordenado das partes ou dos componentes, que compreendem as pessoas. Cada pessoa é definida como um ser humano, e não apenas um organismo, que ocupa uma posição ou um papel na estrutura social. Em seu modelo procura-se, pois, analisar as estruturas (a família, por exemplo) ou as atividades (os rituais) de acordo com suas funções para manter a sociedade ou a vida social ordenada.

Como previamente exposto, o funcionalismo se refere a uma gama de teorias, nas ciências humanas e sociais, que comungam a explicação de seu fenômeno de interesse em razão de suas funções, ou do propósito a que servem

(Kuklick, 2002). A teoria darwiniana da evolução foi fundamental a partir do século XIX e teve espaço no pensamento funcionalista. Porém, as contribuições de Herbert Spencer, com seu evolucionismo social, marcaram ainda mais. Mesmo assim, essa corrente de pensamento não está isenta de críticas, sobretudo em razão de seu caráter a-histórico, sua incapacidade para lidar efetivamente com o processo de mudança ou conflito e seu sentido conservador (Ritzer, 2010). Discutem-se também o aspecto de que, em uma sociedade, tudo tem uma função, mesmo que seja disfuncional (Merton, 1949/1972), e o lado otimista do equilíbrio social, favorecendo a percepção negativa da diferença ou do que desvia de padrões convencionais. Contudo, introduziram-se novas perspectivas sobre as mudanças (Colomy, 1986), sobretudo retomando as contribuições de Talcott Parsons (Sciulli & Gerstein, 1985), que indicam serem elas possíveis e importantes para a evolução social.

Em resumo, a concepção de funcionalismo evidencia que a ação humana tem um propósito, que a própria sociedade tem uma meta que pode se perpetuar sem significar paralisia ou inércia social. As perspectivas psicológica, sociológica e antropológica descritas oferecem um argumento subjacente à *teoria funcionalista dos valores*: os princípios-guia assumidos pelas pessoas têm propósitos e visam metas, que podem ser a estrutura e organização social. Nesse sentido, inegavelmente, os valores têm um papel preponderante para garantir a estabilidade e a coesão da sociedade. Em sociedades mais primitivas ou mecânicas, para usar expressão durkheimiana, esperar-se-ia maior convergência axiológica. Conforme se façam mais sofisticadas ou complexas tais sociedades, não parece descabido pensar em menor solapamento ou sobreposição dos valores, favorecendo padrões mais complexos de orientação, porém não desconectados. É preciso, pois, um conjunto compartilhado de valores no contexto de uma sociedade, de modo que o corpo social possa seguir existindo.

No entanto, os desvios são possíveis e necessários, inclusive, paradoxalmente, para servir de referência, indicando o caminho que deve ser evitado ou sugerindo mudanças para amenizar as perturbações no sistema social. Espera-se que essas ideias fiquem mais claras a seguir, quando será apresentada a teoria dos valores em pauta.

4 TEORIA FUNCIONALISTA DOS VALORES

Todas as pessoas têm valores, que são aproximadamente os mesmos, variando na magnitude das prioridades. Tenha em conta dois exemplos de papéis sociais que, em princípio, são bastante diferentes: prostituta e político. Quando alguém pergunta por que cada um segue com sua atividade principal, provavelmente um aspecto ressaltado por ambos seja a *realização*. Talvez a prostituta insista no ofício para assegurar rendimentos melhores dos que poderia obter, em razão de sua precária formação e ausência de apoio social, trabalhando durante o dia todo em serviços manuais. Por outro lado, o político pode ressaltar seu poder e o seu prestígio, uma vez que, fora da política, perderia os holofotes típicos da vida pública. Obviamente, as pessoas precisam ser classificadas não em detrimento de um valor ou uma subfunção valorativa específica, mas em razão de seu perfil ou sistema axiológico, que combina os múltiplos valores e pode explicar os diferentes papéis sociais (Gouveia *et al.*, 2011).

Propor uma *teoria funcionalista dos valores* é dar ênfase a uma pergunta simples: para que servem os valores? Neste capítulo espera-se que o leitor encontre a(s) resposta(s). De momento, tenha em conta dois exemplos de pessoas com as quais pode se deparar no seu dia a dia: (a) um voluntário de uma organização não governamental de proteção aos direitos humanos e (b) um pistoleiro, matador de aluguel. Ambos podem compartilhar muitas características (por exemplo, estado civil, idade, sexo, nível econômico, religiosidade, local de residência). Porém, são diferentes precisamente em seus princípios axiológicos. O voluntário, se indagado acerca desses princípios, mostrar-se-á como alguém desprendido de coisas materiais, com uma visão mais globalizada, preocupado com gerações futuras e tomando a liberdade e a igualdade como conceitos basilares. O pistoleiro, ao contrário, responderá à pergunta mostrando uma visão mais pragmática do mundo, pensando apenas em termos presentes, sem levar em conta o passado e o futuro, este sendo percebido como incerto. O que lhe interessa é assegurar benefícios pessoais imediatos, preocupando-se apenas com aqueles que conformam seu núcleo familiar, atribuindo importância à hierarquia.

Agora tenha em mente dois outros exemplos. Dois jovens de mesma idade (16 anos), ambos do sexo masculino, que vivem em um mesmo bairro pobre de uma cidade de porte médio. Ambos enfrentam em seu cotidiano a miséria e convivem constantemente com o crime e o narcotráfico. Um deles, aqui será nomeado como João, sonha ser advogado, dedicando-se aos estudos, mantendo excelente relação com seus professores e pais e tendo atitudes de rejeição em relação às drogas. O outro, chamado de José, tem um padrão oposto. Não demonstra qualquer expectativa quanto aos estudos, tendo sido reprovado e expulso da escola por brigas repetidas com colegas e ameaça a professores. De fato, ele lidera uma gangue, conseguindo tudo o que quer por meio de ameaças. Em casa, seus pais se queixam de que ele não obedece a ninguém, vive brigando com seus irmãos e passa o tempo jogando bola, em baladas com seus colegas. Suspeitam, inclusive, que ele esteja usando drogas.

Considere por um instante os primeiros exemplos. Que valores cada um deles provavelmente apresenta? No caso do voluntário, parece evidente que se orienta em direção ao social, priorizando os demais e as relações interpessoais. Ele não se limita a situações imediatas ou práticas, mas, contrariamente, considera questões mais amplas ou abstratas, como os direitos humanos, e prima pelo sentido de que cada pessoa vale por si, sendo todas iguais, o que destaca uma ênfase em necessidades mais sociais, cognitivas e, talvez, de autorrealização. Portanto, configura-se como uma pessoa com um motivador humanitário ou idealista. O pistoleiro, por outro lado, não está nem um pouco preocupado com os demais; interessa-lhe a recompensa que pode obter com a morte de alguém por encomenda. Sua orientação, nesse caso, é mais intrapessoal, focada nele mesmo, podendo o outro, inclusive, representar um obstáculo à sua sobrevivência. Certamente, tem um motivador materialista ou pragmático, interessando-lhe realizar um serviço concreto e receber por isso. O primeiro personagem, provavelmente, priorizará valores apreendidos pelas subfunções *interativa* e *suprapessoal*, enquanto o segundo poderá enfocar aqueles das subfunções *realização* e *existência*.

O segundo par de personagens também apresenta diferenças nos princípios que guiam suas vidas. Possivelmente, João é um jovem que se preocupa com o futuro, quer assegurar uma vida mais digna, talvez deixar o bairro pobre e ir viver em um lugar melhor, com mais recursos, onde possa ter uma vida segura e tranquila. Essa sua orientação pessoal, entretanto, não é incompatível com a social, favorecendo que se dê bem com colegas e superiores (pais e professores). Interessa-lhe garantir sua existência, crescer na vida, mas sem passar por cima de ninguém. José apresenta um padrão contrário ao descrito: não parece apresentar qualquer meta concreta na vida, priorizando seus interesses pessoais, seu prazer, rompendo normas sociais e apresentando conflito evidente em relação a pessoas de autoridade. Fazendo uma leitura geral de tais personagens, parece claro que o primeiro se pauta por valores que representam as subfunções *existência* e *normativa*, enquanto que o segundo prioriza valores das subfunções *experimentação* e *realização*.

É claro que os quatro casos descritos são caricaturais e fictícios, embora possam ser observados como parte do contexto do leitor. Certamente, outros valores ou subfunções valorativas poderiam ser adotados para entender cada quadro retratado.

Nesse ponto, destaca-se que os valores servem para explicar as atitudes, as crenças e os comportamentos das pessoas em contextos concretos da vida cotidiana, refletindo tanto sua orientação como suas necessidades. Porém, dito assim parece muito elementar, carecendo de elaboração. A seguir, apresenta-se a *teoria funcionalista dos valores humanos*, que tem como propósito compreender os valores adotados pelas pessoas e conhecer como eles interferem em suas vidas. Esse é o desafio central deste livro. Visando facilitar a compreensão do leitor acerca do contexto de criação dessa teoria, procura-se resgatar alguns eventos históricos fundamentais.

4.1. CONTEXTO DE ELABORAÇÃO DA TEORIA

Embora esta não seja precisamente uma obra histórica, parece oportuno situá-la no contexto em que a teoria foi inicialmente elaborada e, depois, aprimorada e testada, contando com a colaboração de múltiplos parceiros, principiando por María Ros; detalhes complementares podem ser obtidos em Gouveia *et al.* (2008).

Em meados dos anos 1990, o autor desta obra a conheceu enquanto cursava doutorado na Universidade Complutense de Madri. Na ocasião, ela mantinha colaboração estreita com Shalom House Schwartz, introduzindo sua teoria em um de seus cursos, em 1995-1996. Naquele instante, na condição de estudante interessado na temática, aproximei-me da professora, expressando meu desconforto com algumas ideias propostas, como a concepção de valores como crenças, a noção de conflito dos valores, a indeterminação da fonte para derivar os valores e a técnica estatística empregada (escalonamento multidimensional) para testar o modelo.

Depois dos primeiros debates, chegou um convite para um simpósio no País Basco, cujo trabalho se transformou posteriormente em uma das parcerias concretas, comparando os modelos culturais de Hofstede e Schwartz (Gouveia & Ros, 2000). Na ocasião houve um contato com María Angeles Molpeceres (Universidade de Valência, Espanha), que reforçou o convencimento de que a proposta de Schwartz carecia de uma fundamentação teórica sólida, constituindo-se, sobretudo, em um arranjo conceitual a partir de evidências empíricas que demandavam desdobramentos sucessivos, expressos em modelos que oscilavam de sete (Schwartz & Bilsky, 1987) a onze (Schwartz, 1992) tipos motivacionais de valores. Recentemente já se fala em dezenove (Schwartz *et al.*, 2012), quiçá procurando cobrir dimensões retratadas na *teoria funcionalista dos valores*, segundo se depreende do paralelismo constatado.

Na mesma época, houve a oportunidade de conhecer outros pesquisadores que tinham interesse nos valores, como Dario Páez, Francisco Morales, Héctor Grad e José Luis Álvaro Estramiana, com os quais foi possível interagir. Surgiu também a convicção de que, além do livro específico *The nature of human values* (Rokeach, 1973), muito pouco existia na área dos valores humanos. Esse dado foi discutido com María Ros, que prontamente percebeu a possibilidade de uma obra ampla, reunindo pesquisadores de diferentes países. Foi esse cenário que abriu espaço para o livro *Psicologia social dos valores humanos: Desenvolvimentos teóricos, metodológicos e aplicados*, publicado originalmente em espanhol (Ros & Gouveia, 2001) e, cinco anos mais tarde, traduzido para o português (Ros & Gouveia, 2006).

Nessa conjuntura, foi pensada e escrita minha tese de doutoramento (Gouveia, 1998), cujo foco foi precisamente a elaboração inicial da Teoria funcionalista dos valores humanos. De fato, entre 1994 e 1998, na Espanha, o interesse pelo tema dos valores foi aguçando, assim como as críticas dirigidas aos modelos vigentes. Nesse âmbito, mesmo defendendo o modelo de Schwartz, María esteve sempre aberta a discutir as ideias apresentadas, percebendo algum mérito e originalidade na proposta, que foi acolhida e incentivada. A tese, um empreendimento audacioso de desenvolver um modelo novo criticando os existentes, esteve sob julgo formal de María, como uma das integrantes da banca examinadora. A aprovação com distinção (*sobresaliente "cum laude"*) foi logo após coroada com o Prêmio Concepção Arenal de Humanidade, outorgado pela Universidade de La Coruña e Ayuntamiento de Ferrol (Espanha).

Os fatos apresentados certamente me fortaleceram para insistir no modelo, tomando-o como proposta principal de meus estudos desde então, investindo no seu aprimoramento. Dessa forma, imediatamente após o doutorado, regressando ao Brasil, teve início o grupo de pesquisa Bases Normativas do Comportamento Social (*BNCS*), cadastrado no Conselho Nacional de Desenvolvimento Científico e Tecnológico (CNPq) e no Programa de Pós-Graduação em Psicologia Social da Universidade Federal da Paraíba. Cerca de dois anos depois começaram a sair as primeiras dissertações (Maia, 2000; Milfont, 2001) e, posteriormente, teses (Coelho, 2009; Santos, 2008) focadas nesta teoria.

Nesse período alguns fatos foram marcantes. Primeiramente, em 2001 houve uma visita do Professor S. H. Schwartz ao BNCS, ocasião em que foram apresentadas críticas a sua teoria, ao passo que lhe foi entregue um manuscrito com as ideias principais acerca da *teoria funcionalista dos valores*. Porém, ele não pareceu ter ficado convencido, sugerindo que o publicasse como evidências que corroboravam sua teoria, apesar de terem sido enfatizadas as especificidades do novo modelo proposto. Aproximadamente um ano após sua visita, foi a vez do Professor W. Bilsky visitar João Pessoa, onde permaneceu por dois meses. As conversas com ele foram mais positivas, reconhecendo na proposta formulada aspectos originais que justificavam uma teoria específica dos valores. Nesse sentido, foi organizada prontamente a primeira publicação específica da teoria no Brasil (Gouveia, 2003).

Entre os anos de 2005 e 2008, dois eventos pareceram relevantes: (1) o reencontro com Taciano L. Milfont, um ex-orientando, e o contato com Ronald Fischer. A partir de então, ambos passaram a ser colaboradores diretos da teoria; e (2) a apresentação da teoria em dois eventos científicos relevantes: Congresso Europeu de Psicologia (Gouveia, 2005) e Simpósio Internacional sobre Valores (Gouveia *et al.*, 2008). Este último evento foi particularmente importante, pois reuniu em uma mesma mesa, além deste autor, pesquisadores como María Ros e Wolfgang Bilsky. A proposta era interessante: seriam apresentados o modelo dos tipos motivacionais dos valores (W. Bilsky) e a teoria funcionalista dos valores (V. V. Gouveia). María assumiria o papel de debatedora, formulando perguntas específicas para os proponentes de cada abordagem. O evento se repetiu em 2008 e 2011, contando sempre com os autores dos dois modelos teóricos, mas já sem a participação ativa e instigadora de María, que deixou a todos nós menos de um mês após o primeiro simpósio.

Os três últimos anos têm sido de consagração da Teoria funcionalista dos valores. No Brasil, foram publicados alguns textos que visavam divulgá-la (Gouveia *et al.*, 2008, 2009, 2010; Medeiros *et al.*, 2012), sendo as ideias principais condensadas no manual *A psicologia social: Principais temas e vertentes*, em capítulo específico sobre os valores (Gouveia, Fonsêca *et al.*, 2011). Também tem havido um esforço para mostrar a adequação do modelo tanto no contexto brasileiro como internacional (Medeiros, 2011), contando com parcerias novas em diversos países (por exemplo, Cabo Verde, Canadá, Chile, Costa Rica, França, Noruega, Portugal, Taiwan). De fato, a ênfase recente tem sido publicar em outros países (Ardilla *et al.*, 2012; Fischer *et al.*, 2011; Gouveia *et al.*, 2010), estimulando também que se empregue o modelo em teses de doutorado (Böer, 2009; Guerra, 2009). Porém, há ainda muito que fazer no sentido de assegurar o reconhecimento amplo desta teoria.

Em resumo, considera-se que foram dados os primeiros passos para oferecer uma teoria axiomatizada dos valores, assegurando parcimônia, mas sem renunciar ao poder explicativo.

Este livro representa um esforço adicional e único para desenvolver e/ou consolidar aspectos timidamente tratados em outras oportunidades, assim como reunir evidências complementares de adequação da teoria nos âmbitos nacional e internacional. Visando organizar seus fundamentos principais, inicia-se com a apresentação da definição assumida dos valores humanos, diferenciando esse construto de outros com os quais comumente tem sido associado na literatura.

4.2. DEFINIÇÃO E DIFERENÇAS CONCEITUAIS

Um dos problemas com que se deparam os interessados na temática dos valores humanos é a confusão conceitual. Em geral, as pessoas têm ideias vagas a respeito, referindo-se a valores em seus discursos cotidianos para indicar coisas muito diversas, como algo "de valor" (dinheiro, casa), um atributo de personalidade (aberto à mudança, consciencioso) ou uma qualidade pessoal (inteligente, trabalhador). O mesmo acontece com educadores, políticos e historiadores, por exemplo, que empregam abusivamente o termo em seus discursos, mas sem qualquer precisão conceitual. Essa situação, entretanto, não parece específica dos valores, retratando um problema inerente da psicologia, que atinge outras áreas e construtos de interesse (Machado, Lourenço, & Silva, 2000). Nesse sentido, a tentativa de diferenciar os valores de outros construtos tem sido justificada, permitindo conhecer suas características mais específicas (Rokeach, 1973). Contudo, primeiramente, é importante ter claro o que são os valores.

Uma das definições mais conhecidas desse construto é oferecida por Rokeach (1973), que indica que "Um valor é uma crença duradoura de que um modo específico de conduta ou estado último de existência é pessoal ou socialmente preferível a um modo de conduta ou estado final de existência oposto ou inverso" (p. 5). Aqui, são essenciais as ideias de que os valores são crenças (pré ou proscritivas) e podem ser organizados em tipos (instrumentais e terminais).

Na mesma linha de Rokeach (1973), Schwartz (1994) define os valores como "metas desejáveis e trans-situacionais, que variam em importância e servem como princípios na vida de uma pessoa ou de outra entidade social" (p. 21). Esse autor procura ainda indicar cinco características principais dos valores identificadas na literatura da seguinte maneira: (a) uma crença, (b) que pertence a fins desejáveis ou a formas de comportamento, (c) que transcende situações específicas, (d) guia a seleção ou avaliação de comportamento, pessoas e acontecimentos e, finalmente, (e) se organiza por sua importância relativa a outros valores para formar um sistema de prioridades valorativas.

No âmbito da *teoria funcionalista dos valores*, a definição é oferecida em termos mais parcimoniosos, enfocando suas funções. Portanto, os valores são compreendidos como aspectos psicológicos que cumprem ao guiar os comportamentos e representar cognitivamente as necessidades humanas (Gouveia, Fonsêca *et al.*, 2011; Gouveia, Milfont *et al.*, 2011). Estão implícitas nessa definição características ou pressupostos admitidos dos valores, como representar um princípio-guia do comportamento da pessoa, que transcende situações específicas, sendo desejáveis e relativamente estáveis. Essa definição é assumida, aqui, indicando o que são os valores. Resta, porém, saber o que não são, ou seja, em que se diferenciam de construtos com os quais costumam ser relacionados, como a seguir se discutem:

Atitudes. Provavelmente esse é o construto com o qual os valores são mais confundidos; porém, paradoxalmente, foi aquele que Rokeach (1973) procurou contrapor, sugerindo serem os valores mais importantes, uma vez que têm um papel central na estrutura cognitiva das pessoas. Enquanto as atitudes constituem uma organização de várias crenças em relação a um objeto, uma ideia ou uma situação específica, os valores transcendem tais elementos específicos, constituindo-se como critérios gerais de orientação (Gouveia, 1998). Portanto, essas características fazem que os valores sejam mais resistentes à mudança (Harding, Phillips, & Fogarty, 1986) e o número de valores seja menor que o de atitudes, uma vez que existem tantas atitudes quantos objetos atitudinais (Rokeach, 1973). Em termos hierárquicos, os valores precedem as atitudes, explicando-as (Mellema & Bassili, 1995; Milfont, Duckitt, & Wagner, 2010).

Crenças. Embora na literatura seja comum indicar que os valores são crenças (Rokeach, 1973; Schwartz, 1994), estas são concebidas, aqui, de forma mais restrita. São percepções específicas de atributos de objetos e fenômenos pessoais e sociais, retratando comportamentos ou situações específicos. Os valores, ao contrário, são mais abstratos, servindo de padrão geral de orientação (Davidsson & Wiklund, 1997). A característica marcante da crença é definir se algo é real ou possível, não necessariamente resultando em uma conotação moral, normativa ou avaliativa, indicando o que é bom ou ruim, certo ou errado, justo ou injusto, sendo tais elementos considerados de algum modo a base conceitual dos valores (Kluckhohn, 1951/1968). Outro aspecto que diferencia esses construtos é a natureza do processo psicológico envolvido: enquanto os valores implicam uma avaliação do desejável, expressando um componente afetivo, as crenças são essencialmente cognitivas, refletindo pensamentos e ideias.

Valências. Como exposto anteriormente, é possível que se confundam os valores com as valências, e, de fato, ambos são definidos quase com as mesmas palavras (Miceli & Castelfranchi, 1989), embora não signifiquem as mesmas coisas. Como definido aqui, um valor compreende uma estrutura abstrata, um princípio-guia geral ou um critério de orientação que é estável e transcende situações específicas (Gouveia *et al.*, 2008, 2009). Por outro lado, uma valência se refere à atração ou aversão de um objeto ou evento em uma situação imediata (Feather, 1995).

Necessidades. Embora exista uma relação entre necessidades e valores, ela não é estreita ou perfeita (Gouveia, 2003). De fato, enquanto algumas necessidades (as deficitárias; Maslow, 1954) podem ser saciadas, não ocorre o mesmo com os valores. Rokeach (1973) indica que os valores têm algum atributo além das necessidades que os definem como fundamentais para explicar o comportamento humano, mas que pouco servem no caso dos infra-humanos. Quanto a essa relação complexa, Kluckhohn (1951/1968) indica que "um valor serve parcialmente a várias necessidades, inibe parcialmente outras, satisfaz em parte umas e bloqueia em parte outras" (p. 479). Porém, há que se dizer que as necessidades, em geral, estão sujeitas à ideia de escassez, enquanto os valores vão mais além, dando conta das experiências de socialização (Inglehart, 1991).

Traços de personalidade. Comumente, a característica mais marcante que diferencia os valores dos traços de personalidade é o fator estabilidade temporal. Estes são mais resistentes, pois têm, presumivelmente, um componente genético mais determinante (Penke, Denissen, & Miller, 2007). Embora os valores também possam ter um fundamento genético (Giddens *et al.*, 2009), são atributos menos pessoais que os traços, podendo mudar mais prontamente de acordo com o contexto social, ou seja, condições sociais, formação escolar e meio cultural (Inglehart, 1991; Schwartz, 1994). Os traços são atributos pessoais que descrevem o modo de ser do indivíduo com relativa independência do contexto cultural (Kandler, Bleidorn, Riemann, Angleitner, & Spinath, 2011). Por outro lado, os valores têm um componente eminentemente cultural, justificando seu compartilhamento pelos membros de um mesmo grupo ou sociedade (Schwartz & Sagie, 2000). Quanto à hierarquia, congruente com o que foi indicado previamente, por sua característica estável, os traços antecedem ou até podem incluir os valores (Bilsky & Schwartz, 1994).

Interesses. Mesmo sendo uma representação cognitiva de necessidades ou compreendendo um guia da ação humana em razão de seu caráter eminentemente pessoal, os interesses não podem ser pensados como modos idealizados de conduta ou padrões normativos, como ocorre com os valores, que se fundamentam em uma construção moral (Rokeach, 1973). Destaca-se que, embora os interesses e os valores guardem alguma associação, como no caso dos interesses vocacionais (Holland, 1997), tais construtos compartilham menos de 20% de variância (Gouveia, Meira, Gusmão, Souza Filho, & Souza, 2008). Portanto, não podem ser pensados como similares, cabendo presumivelmente aos interesses maior variabilidade em detrimento de características pessoais (formação, sexo e idade, por exemplo). Em última instância, os interesses podem ser empregados para classificar os valores, segundo o foco de sobrevivência: o próprio indivíduo (interesse pessoal ou individualista) ou o grupo (interesse coletivo ou coletivista) (Schwartz, 1994).

Ideologias. Esse construto é muito recorrente na literatura, sobretudo em sociologia e ciência política, apresentando múltiplos sentidos. Em termos gerais, entende-se ideologia como um conjunto de ideias ou pensamentos de uma pessoa ou grupo de indivíduos, podendo estar relacionado com ações políticas, econômicas e sociais (Knight, 2006). Portanto, esse construto é mais abrangente do que aquele de valores e, de fato, pode incluí-los ou expressá-los (Serrano, 1984). A propósito, Rokeach (1973, 1979) sugere um modelo dual de valores políticos, considerando os valores de *igualdade* e *liberdade* como referentes. Ele observa, por exemplo, que em textos comunistas há o predomínio da igualdade em relação à liberdade, e nos capitalistas prevalece a liberdade em detrimento da igualdade. Nos socialistas se observa a prioridade de ambos os valores; e, finalmente, nos textos fascistas eles são igualmente minorados. Dessa forma, compreende-se que as ideologias podem ser fundamentadas nos valores humanos, embora não se confundam com eles, pois carecem de um elemento mais pessoal ou motivacional.

Normas sociais. Diferentemente dos valores, as normas sociais têm uma natureza estritamente consensual, sendo necessariamente grupal e servindo como critério externo ou referente para o comportamento de uma pessoa em determinado contexto social (Rokeach, 1973). Nesse sentido, entende-se que o conjunto de normas se modifica de uma sociedade para outra e se atualiza ao longo do tempo (Alberoni, 1994), sendo condicionado por fatos sociais concretos. Contrariamente, os valores (básicos) estão disponíveis em todas as culturas, sendo ressaltados em maior ou menor medida de acordo com o período histórico, os interesses e fases de desenvolvimento do indivíduo (Vione, 2012), porém são identificáveis como representações das necessidades humanas, estando disponíveis como elementos de um mapa (Rokeach, 1973), ativados em contextos com fins específicos.

Costumes. Admite-se a seguinte definição de costume: "um esquema de comportamento de um grupo estabelecido pela tradição, pelos hábitos sociais contemporâneos ou por preceitos religiosos, diferentemente das instituições que operam em razão de formulação legal" (Winick, 1969, p. 161). Nesse caso, parece evidente que esse construto difere dos valores, que são mais pessoais, representando as necessidades humanas. Os costumes não situam sua fonte de origem nas pessoas individualmente, mas adota um caráter coletivo e consensual, sendo "imposto" a partir de práticas recorrentes que devem ser seguidas. Os elementos de repetição e prolongamento são comuns aos costumes, que ditam regras do razoavelmente aceitável (Nader, 1995).

Estilos de vida. Embora hoje não seja mais admitida uma confusão conceitual entre valores e estilos de vida, esses construtos estiveram muito unidos, mesclando-se (Braithwaite & Scott, 1991) e fazendo parte, ainda, da concepção de alguns pesquisadores. Há quem considere, por exemplo, os valores como estilos de vida, formas de perceber o mundo ou expressão de bem-estar (Harding *et al.*, 1986; Inglehart, 1991). De fato, como assevera Gouveia (1998), construtos tão diversos como crenças, ideologias e opiniões podem ser tratados sob a denominação de estilos de vida, configurando-se como uma panaceia ou um baú, em que tudo cabe, não contribuindo para a compreensão dos valores, que se apresentam como mais específicos, cumprindo a função fundamental de representação de necessidades (Rokeach, 1973).

Axiomas sociais. Esse construto está estreitamente relacionado aos valores, sobretudo se eles forem concebidos como crenças (Rokeach, 1973). De fato, Leung e Zhou (2008) indicam que ambos são tipos gerais de construtos cognitivos e motivacionais, sendo que, enquanto os valores seriam mais prescritivos, os axiomas teriam um caráter descritivo. Estes seriam, assim, crenças generalizadas sobre o mundo e seus elementos (pessoas, grupos, instituições sociais, ambiente físico, mundo espiritual), cuja função precípua seria facilitar as relações entre as pessoas em seus ambientes físico e social (Alfinito, 2009). A autora, entretanto, oferece uma definição sumária de axiomas sociais nos seguintes termos: "são crenças descritivas, compartilhadas, sobre o ambiente social, físico e o mundo espiritual, tidas como verdade em uma sociedade ou cultura" (p. 17). Nesse sentido, diferenciam-se igualmente dos valores que não se constituem como verdade, mas como princípios do desejável, sendo prescritivo de atitudes e condutas.

Representações sociais. Esse é um construto que tem se popularizado na última década, reunindo pesquisadores de diferentes áreas e orientações teóricas. De fato, existem ao menos três perspectivas a respeito (Arruda, 2002). Contudo, parece consensual sua natureza geral como teorias coletivas que visam a interpretar e reconstruir determinada realidade. São sistemas com lógica e linguagem próprias, referindo-se a valores como um conceito dentro de um discurso particular. Moscovici (1978) concebe as representações sociais não apenas como opiniões ou imagens mentais, mas teorias coletivas sobre o real, determinando o campo das comunicações possíveis, de valores ou ideias compartilhados por grupos, regendo as condutas desejáveis ou admitidas. Fica evidente, pois, que tal construto compreende um marco geral de referência para a construção de um saber popular, abarcando valores em sentido amplo, sem qualquer precisão terminológica, e referindo-se, comumente, a um sistema valorativo em geral, que se espera ser subjacente a tais representações. Falta-lhe, portanto, a especificidade dos valores como critérios de orientação do desejável, que são prescritivos, não se limitando a representar uma realidade específica.

Em suma, a ideia foi diferenciar os valores de doze construtos com os quais eles costumam se confundir. É importante apreender a legitimidade dos valores, que não se restringem a palavras ensinadas às crianças. São princípios-guia desejáveis, que têm o papel de assegurar a sobrevivência, manutenção e evolução da sociedade, explicando atitudes e comportamentos de seus membros. Os valores são menos pessoais e resistentes à mudança do que os traços de personalidade, porém, são mais gerais e estáveis que as atitudes. São menos específicos que os interesses, as necessidades e as valências, porém mais específicos que as ideologias, os estilos de vida, os axiomas e as representações sociais. Embora sejam atributos ou propriedades de indivíduos, têm uma relação estreita com a cultura, mas são menos dependentes do contexto externo do que os costumes e as normas sociais. Valores não são crenças, como admitem alguns autores (Rokeach, 1973; Schwartz, 1994), pois, se fossem, reduzir-se-iam ou seriam dirigidos a objetos e ideias específicos. Procura-se, a seguir, detalhar o marco teórico a partir do qual este construto é concebido.

4.3. PRESSUPOSTOS TEÓRICOS

O "jogo da ciência" é algo que deve se pautar em regras mínimas, porém claras. A audácia de propor uma teoria não deve se confundir com sua concepção, que pode ter lugar em contextos mais insólitos. Começar por uma hipótese falseável, que seja consistente e passível de teste empírico (Popper, 1959/1993), é interessante, mas pode se demonstrar estéril. Nesse sentido, contar com um programa de investigação, com um núcleo (rígido) e uma heurística (branda), parece mais adequado. O núcleo compreende um conjunto de proposições "metafísicas", admitidas, não testáveis, tendo o poder de apoiar heurísticas (hipóteses), que indicam direções a serem evitadas (heurística negativa) ou seguidas (heurística positiva) (Lakatos, 1978).

A teoria proposta aqui, de acordo com a concepção apresentada, foi concebida no contexto de um programa de investigação. Dessa forma, há um núcleo rígido, cujo papel é estruturante, que se desdobra em hipóteses que sejam coerentes e testáveis, favorecendo o conhecimento sobre a natureza dos valores humanos. Principia-se, pois, por apresentar esse núcleo ou, concretamente, os pressupostos teóricos assumidos:

Natureza humana. Provavelmente, é o pressuposto fundamental a partir do qual deveriam ser pensados os modelos teóricos acerca do comportamento humano. Admitir a natureza humana é permitir que se pense como as pessoas se comportam, relacionam-se com as demais, reagem aos eventos do dia a dia e planejam suas vidas. Nesta teoria se assume a natureza benevolente ou positiva dos seres humanos. Assim, apenas valores positivos são admitidos, e, embora alguns valores possam ter um significado negativo para certas pessoas (por exemplo, poder, prazer), sua essência é positiva. Consequentemente, é possível integrá-los no mesmo sistema de valores, como caracterizado por um indivíduo autorrealizado (Maslow, 1954).

O leitor se perguntará: se todos os valores são positivos, como explicar que algumas pessoas sejam criminosas? Obviamente, podem existir diversos fatores, além dos valores, que explicam os comportamentos desviantes (Clemente, 1995; Hawkins, Catalano, & Miller, 1992; Rebollo, Herrero, & Colom, 2002; Rhee & Waldman, 2002), embora eles sejam também importantes (Formiga & Gouveia, 2005; Gouveia, Santos, Pimentel, Medeiros, & Gouveia, 2011; Romero, Sobral, Luengo, & Marzoa, 2001; Santos, 2008). A ênfase em valores de determinadas subfunções (*experimentação* e *realização*, por exemplo) em detrimento de outras (*interativa* e *normativa*, por exemplo) pode produzir uma perturbação no sistema valorativo, gerando perfis desviantes. Sobre esse ponto, cabe uma analogia com os elementos químicos (Gouveia, Fonsêca *et al.*, 2011). Naturalmente, eles são positivos, assim como o carbono (C) e o oxigênio (O), que são vitais para o indivíduo, mas, quando combinados, podem ter um efeito nefasto, como ocorre quando a quantidade de oxigênio é insuficiente, formando monóxido de carbono (CO), que produz náuseas, confusão mental e até mesmo a morte.

Princípios-guia individuais. Apesar de existirem abordagens teóricas acerca de valores culturais (Bond, 1988; Hofstede, 1984; Inglehart, 1991), é complicado falar em tais valores se as referências são respostas de pessoas individuais. Valores culturais demandariam outra fonte ou estratégia de elaboração, como poderiam ser livros-texto (Villasanz, 1991) ou músicas (Böer, 2009) que as pessoas produzem e com os quais costumam interagir. Existem outras formas que podem ser aprimoradas, como produções artísticas e culturais: filmes, cordéis, rituais e práticas sociais. Entretanto, a proposta concreta de uma teoria cultural dos valores humanos parece estar distante, dando lugar a abordagens exploratórias com base em pontuações médias por país, que parecem produzir estruturas diferentes das relatadas para o nível individual de análise (Schwartz & Ros, 1995). Por outro lado, na teoria ora apresentada tais valores são considerados individuais, inexistindo razão para uma estrutura diferente se consideradas as pontuações separadas por pessoas ou agregadas por país.

Como indicado anteriormente, os valores são, na realidade, princípios-guia de pessoas, individualmente ou em grupo. Mas, então, qual é o papel da cultura? Ela incorpora os valores úteis para a sobrevivência do grupo, tornando-os desejáveis e fomentando sua transmissão de geração em geração. Ela faz que os valores sejam socializados, pois alguns valores pretendem favorecer a continuidade da sociedade, uma vez que, se forem eficazmente transmitidos, permitem a existência harmoniosa de seus membros (Merton, 1949/1968; Rokeach, 1973). Assim, os valores servem como padrões gerais de orientação para o comportamento dos indivíduos, não sendo específicos de determinada situação.

Base motivacional. A ideia de que os valores compreendem transformações de necessidades humanas tem sido defendida na literatura (Rokeach, 1973; Schwartz & Bilsky, 1987), porém não desfruta de qualquer evidência sobre como se daria esse processo. Rokeach (1973), por exemplo, indica que

> [...] a necessidade de sexo que é comumente reprimida na sociedade moderna pode ser transformada cognitivamente em valores como amor, união espiritual ou intimidade; as necessidades de dependência, conformidade ou subserviência podem ser transformadas em valores como obediência, lealdade e respeito pelos mais velhos; a necessidade de agressão pode ser transformada em valores de ambição, honra, segurança familiar e segurança nacional (p. 20).

O leitor pode notar, por exemplo, necessidades que são assumidamente tanto positivas (sexo) como negativas (agressão), sugerindo uma natureza humana ambivalente. Entretanto, esse aspecto, ao menos nesse contexto, é menos relevante: destaca-se a vagueza ou imprecisão a respeito de como se passa de uma necessidade a um valor. Como avaliar o processo de transformação?

A presente teoria, admitindo a natureza humana como benévola, assume apenas necessidades positivas. A agressão, em si, não é percebida como uma necessidade, mas compreende a resposta para a não satisfação de uma necessidade qualquer (Maslow, 1943a, 1943b, 1954). Além disso, leva em conta unicamente a ideia consensual de que os valores são representações cognitivas das necessidades humanas (Kluckhohn, 1951; Maslow, 1954). Eles representam cognitivamente não apenas necessidades individuais, mas também demandas institucionais e societais (Rokeach, 1973; Schwartz, 1992). Tais demandas podem ser entendidas como pré-condições para a realização das necessidades individuais (Maslow, 1954), restringindo impulsos pessoais (Merton, 1949/1968) e assegurando um ambiente estável e seguro (Inglehart, 1991). Essas pré-condições, por exemplo, podem ser retratadas por meio de valores que representem as necessidades de segurança e controle (Maslow, 1954; Ronen, 1994).

Caráter terminal. Embora tenha se popularizado a partir do trabalho de Rokeach (1973), passando a ser usada em outros estudos (Allen, Ng, & Wilson, 2002; Schwartz, 1992), a tipologia que diferencia os valores em *instrumentais* e *terminais* está presente já na obra de Kluckhohn (1951). Semanticamente, parecem plausíveis esses tipos de valores, porém, não fica claro se essa diferenciação é conceitualmente relevante ou se expressa apenas uma distinção formal (Schwartz & Bilsky, 1987). De fato, a maioria dos valores instrumentais encontra correspondente em valores terminais (o valor instrumental *amoroso* pode se equiparar ao valor terminal *amor maduro*; Rokeach, 1973).

Portanto, essa classificação dicotômica dos valores pode ser reduzida a um problema meramente semântico: os valores terminais são substantivos, enquanto que os instrumentais são adjetivos (Rohan, 2000).

Considerando o que foi descrito anteriormente, apenas valores terminais são tidos em conta nesta teoria. A razão para isso pode ser igualmente encontrada no próprio Rokeach (1973), que afirma que tais valores são mais precisos e menor em número do que os instrumentais, tendo, portanto, a clara vantagem de parcimônia, já que evita a inclusão de valores relacionados ou semelhantes. Além disso, os valores terminais são mais coerentes com a concepção de valores humanos como uma orientação geral e transcendente, não se limitando a objetos específicos e configurando-se como princípios que representam metas superiores que não são periódicas ou saciáveis em essência (Inglehart, 1977; Rokeach, 1973). Dessa forma, como representação cognitiva de necessidades, os valores terminais compreendem ou evidenciam metas superiores que vão além daquelas mais imediatas e biologicamente urgentes.

Condição perene. Como indicado previamente (Capítulo 2), assume-se a perspectiva temporal cíclica da História (Farris, 1987; Šubrt, 2001), o que significa que não existe um estado-fim, um destino comum irremediável ou um padrão fixo de sociedade a que se deve inevitavelmente alcançar com o decorrer dos anos. Ao contrário, considera-se que as sociedades sejam concebidas como tendo sua dinâmica própria, primando por valores que tornam possível a convivência harmoniosa entre seus membros. Como representação de necessidades humanas, os valores ou subfunções valorativas estão disponíveis em todas as culturas, refletindo as funções principais subjacentes (Gouveia *et al.*, 2008, 2009). Contudo, pode ser que alguns se façam mais presentes do que outros e sejam mais demandados em razão das especificidades culturais, das condições de vida ou de processos socioeconômicos (Inglehart, 1991), não implicando, com isso, que outros deixam de existir.

De acordo com esse pressuposto, os valores são os mesmos de sempre. Mas, logo, o leitor deve se perguntar: o que dizer, então, da crise de valores ou dos novos valores, tão discutidos no cotidiano? *Novos* valores não existem. Os valores de hoje, muito provavelmente, são os mesmos há séculos (Cunningham & Reich, 2002; Laplantine, 2003; Malinowski, 1926/2008), como têm sido as necessidades, pese as diversas tipologias (Alderfer, 1972; Kenrick *et al.*, 2010; Maslow, 1954). Os valores, em si, não mudam. O que mudam são suas prioridades (Rokeach, 1973), considerando fatores pessoais e/ou sociais (idade, riqueza, igualdade de oportunidades). A menção a novos valores resulta, por exemplo, da concepção restrita de que estes são propriedades de objetos, abandonada há mais de meio século (Kluckhohn, 1951/1968), ou da visão do construcionismo social (Gergen & Gergen, 2000), que considera que tudo o que tem significado na vida (valores, direitos) vem da matriz de inter-relações em que as pessoas estão inseridas, perspectiva diversa da que assumimos aqui. As prioridades valorativas podem ser moldadas por tais inter-relações e experiências de cada um, porém, os valores não são construídos a curto ou médio prazo; eles compreendem opções em um mapa axiológico, acessados em função de características pessoais e contextos culturais. Quanto à crise de valores, provavelmente reflete prioridades valorativas diferentes em razão das gerações: pais e filhos assumem papéis diferentes na sociedade, atrelados, respectivamente, à disciplina e à garantia do sustento, de um lado, e à descoberta do mundo e à busca de novos laços sociais, de outro (Schneider, 2001; Vione, 2012).

Em resumo, os cinco pressupostos previamente descritos formam o núcleo rígido da *teoria funcionalista dos valores humanos*, permitindo pensar hipóteses específicas a serem testadas. Como o foco principal dessa teoria compreende as funções dos valores, procura-se contemplá-las mais pormenorizadamente, tentando identificar na literatura um suporte para conceituá-las. A propósito, apesar de ensaios teóricos sobre as funções dos valores (Rokeach, 1973), são menos frequentes os estudos empíricos a respeito (Allen *et al.*, 2002). Contudo, revendo as publicações acerca do tema, Gouveia (1998, 2003) identificou duas funções consensuais dos valores: (1) guiam as ações humanas (*tipo de orientação*; Rokeach, 1973; Schwartz, 1992) e (2) expressam suas necessidades (*tipo de motivador*; Inglehart, 1977; Maslow, 1954). Essas funções e as subfunções valorativas resultantes serão elaboradas a seguir.

4.4. FUNÇÕES E SUBFUNÇÕES VALORATIVAS

A proposta da presente teoria não implica rejeitar as teorias tratadas previamente, sobretudo as que têm como foco a natureza motivacional dos valores (Gouveia, 2003). Por exemplo, admitem-se aspectos similares desta teoria com respeito às que propõem Ronald Inglehart e Shalom H. Schwartz, constituindo-se como uma alternativa, que se apresenta como mais integradora e parcimoniosa (Gouveia *et al.*, 2008). Um dos aspectos específicos da teoria proposta é levar em conta as funções dos valores, que têm sido escassamente referidas na literatura (Allen *et al.*, 2002). A propósito, observa-se que, quando as funções valorativas são mencionadas, são comumente gerais e secundárias, aplicáveis a todos os valores (por exemplo, justificação, expressão de personalidade; Rokeach, 1973), não podendo ser empregadas para diferenciá-los.

De outro modo, aqui são considerados duas das mais importantes funções primárias dos valores, que têm sido recorrentes em modelos prévios, sendo tomadas como referência (Gouveia *et al.*, 2010): *tipo de orientação* (os valores servem como padrões que guiam os comportamentos) e *tipo de motivador* (os valores representam cognitivamente as necessidades). Pode-se conceber, portanto, que as funções dos valores correspondem a guiar os comportamentos e representar as necessidades humanas. Cada uma dessas funções é detalhada a seguir, apresentando-se um esquema geral da teoria na Figura 9.

		Valores como padrão-guia de comportamentos (Tipo de orientação)		
		Metas pessoais (o indivíduo por si mesmo)	*Metas centrais* (o propósito geral da vida)	*Metas sociais* (o indivíduo na comunidade)
Valores como expressão de necessidades (Tipo de motivador)	*Necessidades idealistas* (a vida como fonte de oportunidades)	**Experimentação** Emoção Prazer Sexualidade	**Suprapessoal** Beleza Conhecimento Maturidade	**Interativa** Afetividade Apoio social Convivência
	Necessidades materialistas (a vida como fonte de ameaça)	**Realização** Êxito Poder Prestígio	**Existência** Estabilidade Saúde Sobrevivência	**Normativa** Obediência Religiosidade Tradição

FIGURA 9. Funções, subfunções e valores específicos.

4.4.1. Primeira função dos valores: guiar os comportamentos humanos

Como indicado anteriormente, Rokeach (1973) tem em conta dois tipos de valores: *instrumentais* e *terminais*. Os instrumentais se dividem em *morais* (honesto, responsável) e de *competência* (lógico, inteligente), enquanto os terminais se classificam como *sociais* (amizade verdadeira, um mundo de paz) e *pessoais* (harmonia interna, uma vida excitante). Esta teoria, por razões já indicadas, considera apenas esses valores, que expressam uma dimensão importante – talvez a mais – de orientação humana, que tem sido abordada de algum modo em tipologias ao longo da história, a exemplo das que contrapõem comunidade *versus* associação (*Gemeinschaft versus Gesellschaft*; Tönnies, 1887/1979), tradição *versus* modernidade (Gusfield, 1967) e, mais específica e diretamente, coletivismo *versus* individualismo (Hofstede, 2001). Pessoas que se pautam por valores sociais são centradas na sociedade ou possuem um foco interpessoal (metas sociais), enquanto as que são guiadas por valores pessoais são egocêntricas ou possuem um foco intrapessoal (metas pessoais). Portanto, estima-se que, comumente, tendem a enfatizar o grupo (valores sociais) ou elas mesmas (valores pessoais) como a unidade principal de sobrevivência (Gouveia *et al.*, 2003; Mueller & Wornhoff, 1990; Schwartz, 1992). Nesse sentido, apreende-se que os valores guiam o comportamento humano em uma orientação *social* ou *pessoal*.

A essa dicotomia clássica tem sido acrescentado um terceiro grupo de valores, emergindo inicialmente a partir de estudos empíricos, que não são completa ou exclusivamente *social* ou *pessoal* (Gouveia, 2003; Mueller & Wornhoff, 1990). Ele também surgiu nos estudos de Schwartz (1992; Schwartz & Bilsky, 1987), que os denominou como valores ou tipos motivacionais *mistos*. Contudo, sua abordagem é eminentemente empirista e descritiva, e não tem uma explicação teórica acerca de tais valores surgirem repetidamente entre aqueles *sociais* e *pessoais*. Na teoria ora tratada, concebe-se que aquele grupo de valores se situa entre estes porque são a base estruturante ou a espinha dorsal da organização valorativa. Os valores *sociais* e *pessoais* têm como referência ou podem ser preditos a partir desse terceiro grupo de valores. Isso explica o porquê de se situarem entre e serem compatíveis com ambos. Portanto, congruentemente, esse terceiro grupo de valores é chamado de *centrais* (metas centrais).

Os valores centrais aparecem quase entre os *sociais* e *pessoais* em virtude de não se restringirem à dicotomia de interesses autocentrados (foco intrapessoal) ou altercentrados (interpessoal). Nesse sentido, trata-se de uma concepção diferente daquela oferecida por Schwartz (1992), que os considera valores *mistos*, mas sem qualquer justificativa razoável, como se fossem valores autoevidentes. *Segurança*, por exemplo, é tratado como um tipo motivacional *misto* por ser representado por valores que cumprem tanto interesses pessoais (limpo, saudável) como sociais (ordem social, segurança familiar). A mesma linha de raciocínio é seguida para o tipo motivacional *universalismo*, que se compõe de valores que cumprem interesses pessoais (sabedoria, tolerância) e sociais (justiça social, um mundo de paz). No entanto, o foco dos valores centrais não é o tipo de interesse que cumprem. Todos os valores centrais são dos indivíduos, representando cognitivamente o eixo principal das necessidades humanas, que se organizam a partir daquelas mais baixas ou elementares (fisiológicas) àquelas mais elevadas ou desenvolvidas (autorrealização) (Maslow, 1943a, 1943b, 1954). Assim, isso não implica qualquer conflito entre interesses pessoais e sociais.

É essencial não confundir o conceito de *valores centrais* com a *centralidade dos valores* (Maio, 2010). Os primeiros podem ser importantes para todas as pessoas, apesar de poderem ser mais apropriados para diferenciar aquelas que vivem em contextos de escassez, que priorizam a subfunção valorativa *existência* (materialista), e as que vivem em espaços de maior segurança e fartura, dando mais importância à subfunção valorativa *suprapessoal* (humanitária) (Fischer *et al.*, 2011; Inglehart, 1991; Silva Filho, 2001). Deve-se observar que esse conceito é diferente daquele apresentado por Rokeach (1973) e Verplanke e Holland (2002), cuja ênfase está na centralidade dos valores para o autoconceito, entendendo que essa centralidade não tem relação com o conjunto de necessidades, no sentido de que cada valor pode se tornar central em determinado momento ou deixar de sê-lo. Nesta teoria, os valores centrais são um tipo específico de valores.

Em suma, a função dos valores como guia de comportamentos humanos é identificada pela dimensão funcional denominada *tipo de orientação*, existindo três possibilidades, segundo a meta subjacente: *social* (o indivíduo na comunidade), *central* (o propósito geral da vida) e *pessoal* (o indivíduo por si mesmo). O primeiro e o último podem implicar uma dicotomia, uma oposição, mas

TEORIA FUNCIONALISTA DOS VALORES

o segundo tipo de orientação expressa uma alternativa de coexistência, uma orientação compatível com as outras. Tem o papel de marco definidor da estrutura dos valores, referência a partir da qual eles se organizam.

4.4.2. Segunda função dos valores: dar expressão às necessidades humanas

Previamente, no Capítulo 1, procurou-se mostrar que os valores têm uma base nas necessidades humanas, embora a correspondência não seja estreita, de 1 para 1. Porém, é possível identificar valores a partir das necessidades que eles representam cognitivamente (Maslow, 1954; Ronen, 1994). Embora seja factível pensar em diferentes arranjos para os valores como representação das necessidades, uma classificação que tem encontrado respaldo na literatura é a que os separa em valores *materialistas* (pragmáticos) e *humanitários* (idealistas) (Braithwaite, Makkai, & Pittelkow, 1996; Inglehart, 1977; Marks, 1997; Ronen, 1994). Esses valores produzem orientações diferentes, como descritas a seguir (Gouveia *et al.*, 2008, 2009):

Valores materialistas. Estão relacionados com ideias práticas, e as pessoas que os consideram importantes, ou seja, que os têm como princípios-guia em suas vidas, são orientadas a metas específicas e regras normativas, pensando em termos de condições mais biológicas de sobrevivência e dando importância à própria existência e às condições nas quais ela é assegurada. As hierarquias sociais são avaliadas como um meio para estabelecer um sistema social estável e garantir a segurança tanto do indivíduo como do grupo. No plano individual, ou seja, combinando com a orientação pessoal, pode significar a rejeição da diferença, o foco extrínseco, a orientação ao êxito e a busca de ganhos pessoais. No coletivo, combinado com a orientação social, pode implicar maior resistência à mudança, evitando incertezas e endossando padrões rígidos de relações interpessoais.

Valores humanitários. Expressam uma orientação universal, baseada em ideias e princípios abstratos. Não são necessariamente dirigidos a metas concretas e, geralmente, não são específicos. Dar importância aos valores humanitários é coerente com um espírito inovador e uma mente aberta, indicando menos dependência de bens materiais e considerando as pessoas iguais entre si, além de apreciar as relações interpessoais como um fim. Tais valores são a contrapartida dos descritos anteriormente, favorecendo mudanças sociais e descrevendo pessoas ativas, que não se limitam ao imediatismo, que pensam em gerações futuras. Em relação aos valores pessoais, implica assumir riscos, ser aberto a experiências e não se prender a coisas concretas. No caso de se configurarem em valores sociais, poderão implicar atitudes altruístas, tomando as pessoas como importantes e merecedoras de atenção, sem promover qualquer tipo de discriminação.

Em resumo, a segunda função dos valores é dar expressão cognitiva às necessidades humanas, identificada pela dimensão funcional *tipo de motivador*, que apresenta dois tipos principais ou níveis de necessidades: *materialista/ pragmática* (a vida sendo pensada como uma fonte de ameaças) ou *humanitária/idealista* (a vida definida como uma fonte de oportunidades) (Welzel & Inglehart, 2010; Welzel *et al.*, 2003). É importante insistir que, nesta teoria, não se assume que tais tipos sejam contrários, mas que eles provavelmente se complementam, compondo o sistema axiológico de uma pessoa madura.

4.4.3. Unindo as duas funções dos valores humanos: seis subfunções valorativas

As duas funções previamente descritas são as mais importantes para apreender o universo valorativo, ou seja, independentemente da medida, elas poderão ser empregadas para descrever cada valor. Contudo, a teoria funcionalista procura desdobrá-las, tratando de subfunções valorativas que têm lugar a partir do cruzamento dos dois eixos funcionais correspondentes, ilustrados na Figura 9. O eixo horizontal expressa a função dos valores para guiar ações humanas, representando a dimensão funcional *tipo de orientação* (valores sociais, centrais ou pessoais), e o eixo vertical descreve a função dos valores para dar expressão às necessidades humanas, compreendendo a dimensão funcional *tipo de motivador* (valores materialistas ou humanitários).

Unindo as duas dimensões funcionais, cruzando os seus eixos horizontal e vertical, podem ser derivadas seis subfunções específicas dos valores: *experimentação, realização, existência, suprapessoal, interativa* e *normativa*. Os três tipos de orientação são representados por duas subfunções cada: *social* (normativa e interativa), *central* (existência e suprapessoal) e *pessoal* (realização e experimentação). No caso dos tipos de motivadores, cada um é representado por três subfunções: *materialista* (existência, normativa e realização) e *humanitário* (suprapessoal, interativa e experimentação). Dessa forma, de acordo com a Figura 9, as subfunções dos valores podem ser mapeadas em um delineamento 3 x 2, com três tipos de orientações (social, central e pessoal) e dois tipos de motivadores (materialista e humanitário). Essa combinação reflete seis quadrantes valorativos: social-materialista, central-materialista, pessoal--materialista, social-humanitário, central-humanitário e pessoal-humanitário.

A ideia principal é que cada subfunção compreenda um construto latente, que exige ser operacionalizado por itens específicos. Nesse caso, listam-se três valores, que têm sido comumente empregados na literatura (Braithwaite & Scott, 1991), para representar cada uma delas. Os 18 itens descritos conformam o *Questionário dos Valores Básicos* (Gouveia *et al.*, 2008), porém, não encerram a diversidade axiológica. É possível que, em outras culturas ou contextos, possam existir "valores específicos", mas que se enquadrem no esquema conceitual proposto. Isso permite, por exemplo, contar com versões variadas de itens sem comprometer a estrutura conceitual, como se apreende na versão deste instrumento para infantes (Questionário dos Valores Básicos-I; Gouveia, Milfont *et al.*, 2011) ou na versão desenvolvida a partir de parcelas de itens, visando o contexto diagnóstico (Questionário dos Valores Básicos-D; Souza, 2012). Posteriormente, tratam-se as possibilidades de medida dos valores nesta teoria, quando serão reunidas informações sobre evidências de seus parâmetros psicométricos.

É importante ressaltar que, embora as pessoas possam endossar valores específicos para assegurar a estabilidade e continuidade da sociedade da qual fazem parte (Merton, 1949/1968), isso não significa que todo valor tem como objetivo manter seu *status quo*. Conforme sugerido anteriormente, valores humanitários, do mesmo modo que os *pós-materialistas* (Inglehart, 1991;

Marks, 1997) ou os relacionados com *abertura à mudança* (Schwartz, 1992) são orientados a inovações e podem, portanto, conduzir a mudanças ou novas configurações sociais. No entanto, esse aspecto não significa a desordem permanente. A sociedade vai se reestruturando, modificando em aspectos que a permita evoluir, e não que a faça se degenerar ou desintegrar. O sentido cíclico do tempo faz presumir que existem valores fundamentais para algumas sociedades ou culturas, que representam seu alicerce, do qual não podem prescindir. Pode ser o caso dos valores que acentuam a obediência à autoridade no Japão (Hearn, 1906), a religiosidade em Israel (Castro, 2007) ou o estilo brasileiro (jeitinho), que neste país é fundamental para encarar a vida e resolver os dilemas sociais (DaMatta, 1986).

Em razão do que foi comentado previamente, as seis subfunções valorativas, em graus diferentes, enfatizam o ajuste do indivíduo à sociedade e às suas instituições, mas também acentuam sua sobrevivência. Alguns valores são mais relacionados à busca de ajustamento social do que outros, especialmente aqueles que dão ênfase à orientação social e ao motivador materialista, ou seja, os valores que cumprem a subfunção *normativa* ou seus tipos motivacionais correlatos (por exemplo, *conformidade* e *tradição*; Schwartz, 1994).

Em resumo, esta teoria considera unicamente valores positivos e terminais, coerentes com a natureza benévola do ser humano e a concepção de metas que transcendem contextos específicos, centrando-se nas funções e subfunções de que foram derivadas. Portanto, a ideia fundamental é a concepção de que os valores não podem ser atribuídos a objetos ou instituições específicas (dinheiro, casa, família), mas têm como funções serem princípios-guia que orientam os comportamentos e representam as necessidades humanas. Em termos mais operacionais, esta teoria pode ser refletida em duas partes principais ou heurísticas: (1) *conteúdo e estrutura* e (2) *congruência e compatibilidade* das funções valorativas.

4.5. HIPÓTESES DE CONTEÚDO E ESTRUTURA

As duas funções valorativas servem como marcos de referência a partir dos quais as subfunções são derivadas. As seis subfunções dos valores são, então, o resultado do cruzamento das duas funções dos valores: guiar os comportamentos humanos (*tipo de orientação*) e expressar as necessidades humanas (*tipo de motivador*). Entretanto, as funções valorativas e as subfunções são estruturas latentes, que precisam ser representadas por variáveis observáveis, tais como indicadores, itens ou valores específicos. A vantagem de considerar múltiplos indicadores de valores para representar estruturas latentes foi bem documentada na literatura (Braithwaite & Law, 1985; Schwartz & Bilsky, 1987), resultando em medidas cujos erros tendem a ser minimizados, produzindo achados mais consistentes sobre a relação dos valores com atitudes, crenças e comportamentos. Nesta teoria, a *hipótese de conteúdo* dos valores diz respeito à adequação das seis subfunções e dos conjuntos de valores específicos que possibilitam representá-las e, por extensão, às funções dos valores. A *hipótese de estrutura*, por sua vez, indica como os valores são organizados e como se estruturam as subfunções no espaço, levando em conta os dois eixos funcionais mostrados na Figura 9. Essas hipóteses serão tratadas separadamente, a seguir.

4.5.1. Conteúdo das subfunções valorativas

Se a *teoria funcionalista dos valores* é adequada, seria possível identificar as seis subfunções valorativas que representariam a estrutura fatorial mais plausível, com os melhores indicadores de ajuste a partir do confronto do modelo hexafatorial com outros alternativos (Gouveia *et al.*, 2011): (1) unifatorial (todos os itens/valores saturando em um único fator, fruto da desejabilidade social inerente aos valores; Kluckhohn, 1951/1968; Schwartz, Verkasalo, Antonovsky, & Sagiv, 1997), (2) bifatorial (valores distribuídos segundo o *tipo motivador: materialista* e *idealista*; Braithwaite *et al.*, 1996; Inglehart, 1991), (3) trifatorial (os valores sendo organizados segundo o *tipo de orientação*: pessoal, central e social; Rokeach, 1973; Schwartz, 1992), e, finalmente, (4) pentafatorial (unindo os valores das subfunções *existência* e *suprapessoal*, uma vez que podem representar um componente motivacional único, indicando polos de uma hierarquia de necessidades; Maslow, 1954). Comumente, esse aspecto da teoria tem sido testado com diferentes amostras, revelando resultados favoráveis (Gouveia *et al.*, 2010; Gouveia, Milfont *et al.*, 2011; Medeiros, 2011; Medeiros *et al.*, 2012) e corroborando a adequação das seis subfunções.

Os conteúdos específicos das subfunções serão descritos a seguir. Considerando que os valores centrais (valores de *existência* e *suprapessoais*) constituem a principal fonte em que são ancorados os outros valores, ou seja, representam a "espinha dorsal" da organização funcional dos valores, a descrição das seis subfunções começa com a subfunção *existência* e as subfunções relacionadas, e, posteriormente, passa para a subfunção *suprapessoal* e suas derivadas.

Subfunção existência. Representa cognitivamente as necessidades fisiológicas mais básicas (comer, beber, dormir) e a necessidade de segurança (Maslow, 1954; Parra, 1983; Ronen, 1994). É congruente com as orientações social e pessoal no domínio motivador materialista, pois o propósito principal dos valores de *existência* é garantir as condições básicas para a sobrevivência biológica e psicológica do indivíduo. Essa é a subfunção mais importante para representar o motivador materialista, sendo a fonte, a referência das outras duas subfunções que representam esse motivador (*realização* e *normativa*). Por representar uma orientação central e um motivador materialista, os que endossam valores dessa subfunção são geralmente indivíduos convivendo em contextos de escassez econômica (Silva Filho, 2001) ou aqueles que foram socializados em tais ambientes de restrição (Inglehart, 1991).

Saúde, sobrevivência e *estabilidade pessoal* são três valores que podem ser escolhidos como indicadores dessa subfunção. Saúde representa a busca de um grau adequado de saúde, evitando eventos que possam ameaçar a vida. Indivíduos que endossam esse valor como um princípio que guia suas vidas podem ter experimentado eventos dramáticos ou estão preocupados com doenças e incertezas associadas a elas, especialmente quando vivem em ambientes instáveis e ameaçadores (Parra, 1983; Schwartz, 1992). Sobrevivência é um princípio que guia a vida principalmente de pessoas socializadas em contexto de escassez, como aquelas que atualmente vivem sem os recursos econômicos mais básicos (Pepper, 1958; Tripathi, 1990). Finalmente, a estabilidade pessoal enfatiza uma vida organizada e planejada, e pessoas que o endossam buscam garantir a própria existência, implicando, por exemplo, procurar um trabalho estável e a segurança econômica (Levy, 1990).

Subfunção realização. Valores desta subfunção representam as necessidades de autoestima (Maslow, 1954; Ronen, 1994), correspondendo a um motivador materialista, mas com uma orientação pessoal. Têm em conta um princípio pessoal para guiar a vida dos indivíduos, enfatizando logros materiais: a realização pode ser uma exigência para interações sociais prósperas e o funcionamento institucional adequado (Schwartz, 1992; Schwartz & Bilsky, 1987). As pessoas que os endossam tendem a dar importância à hierarquia quando ela se baseia na demonstração de competência pessoal, apreciando uma sociedade organizada e estruturada e valorizando a praticidade em suas decisões e comportamentos. Valores desse subfunção são geralmente apreciados por jovens adultos (Vione, 2012), em fase produtiva, ou indivíduos educados em contextos disciplinares e formais (Kohn, 1969/1977; Rokeach, 1973).

Êxito, prestígio e *poder* podem representar essa subfunção. O êxito indica a eficiência e capacidade de alcançar metas, e as pessoas que o adotam têm um ideal de realização e se orientam nesses termos (Braithwaite & Scott, 1991; Reeve & Sickenius, 1994). O prestígio destaca a importância do contexto social – não é questão de ser aceito pelos demais, mas de ter uma imagem pública reconhecida (Braithwaite & Law, 1985; Parra, 1983; Schwartz, 1992). Finalmente, poder é menos social que êxito e prestígio, enfatizando o princípio de hierarquia (Bond, 1988; Braithwaite & Scott, 1991).

Subfunção normativa. É a terceira subfunção com um motivador materialista, mas tem orientação social. Representa a necessidade de controle e as pré--condições imprescindíveis para alcançar todas as necessidades (Maslow, 1954; demandas institucionais e sociais, segundo Schwartz, 1992). Representa a importância de preservar a cultura e as normas convencionais, evidenciando uma orientação vertical em que a obediência à autoridade é crucial. Pessoas mais velhas são mais guiadas por tais valores (Rokeach, 1973; Tamayo, 1988; Vione, 2012), refletindo a adesão a normas convencionais (Pimentel, 2004; Santos, 2008).

Tradição, *obediência* e *religiosidade* são três valores que podem descrever essa subfunção. Tradição representa uma pré-condição para o grupo ou a sociedade como um todo para satisfazer as necessidades humanas. Envolve respeito a padrões morais seculares e contribui para promover e manter a harmonia da sociedade (Bond, 1988; Inglehart, 1991; Levy, 1990; Schwartz, 1992). Obediência representa a importância de cumprir os deveres e as obrigações diárias, além de respeitar os pais e mais velhos, cumprindo as normas da sociedade (Braithwaite & Scott, 1991; Rokeach, 1973; Schwartz, 1992). Finalmente, religiosidade não está relacionada a qualquer preceito religioso específico, tendo um sentido mais restrito. Não implica o sentido amplo de espiritualidade ou sentido da vida, mas um posicionamento em que os indivíduos reconhecem a existência de uma entidade superior por meio da qual buscam a certeza e a harmonia social imprescindíveis para uma vida tranquila (Braithwaite & Scott, 1991; Schwartz, 1992).

Subfunção suprapessoal. Como no caso da *existência*, essa subfunção tem uma orientação central, porém um motivador humanitário. Seus valores representam as necessidades de estética, cognição e autorrealização (Maslow, 1954; Ronen, 1994), ajudando a estruturar e categorizar o mundo de uma forma consistente, fornecendo clareza e coerência na organização cognitiva do indivíduo. Tais valores indicam a importância de ideias abstratas, com menor ênfase em coisas concretas e materiais (Inglehart, 1991), sendo compatíveis com aqueles sociais e pessoais que fazem parte do motivador humanitário. Essa subfunção é fonte das outras duas que representam esse tipo motivador (*experimentação* e *interativa*). Pessoas que se guiam por esses valores pensam de forma mais geral e ampla, tomando decisões e se comportando a partir de critérios universais (Schwartz, 1992), o que parece caracterizar em maior medida aquelas mais velhas, maduras (Vione, 2012).

Conhecimento, *maturidade* e *beleza* são três valores que podem definir essa subfunção. O conhecimento representa as necessidades cognitivas (Maslow, 1954), tendo um caráter extrassocial. Pessoas interessadas em obter conhecimentos atuais e buscar informações sobre assuntos gerais costumam priorizar esse valor (Bond, 1988; Braithwaite & Law, 1985; Levy, 1990; Schwartz,

1992). Maturidade representa a necessidade de autorrealização, descrevendo um sentido de satisfação pessoal, reconhecendo-se como um ser humano útil, que cumpriu seus desígnios na vida. Indivíduos que endossam esse valor têm uma orientação universal que transcende pessoas ou grupos específicos (Braithwaite & Law, 1985; Rokeach, 1973; Schwartz, 1992). Finalmente, beleza representa necessidades estéticas (Maslow, 1954), evidenciando uma orientação global, desconectada de pessoas ou objetos específicos, considerando-a como uma ideia ou um critério transcendental (Braithwaite & Law, 1985; Inglehart, 1991; Rokeach, 1973; Schwartz, 1992).

Subfunção experimentação. Valores dessa subfunção representam um motivador humanitário, mas com orientação pessoal. A necessidade fisiológica de satisfação, em sentido amplo, ou o princípio de prazer (hedonismo; Maslow, 1954; Ronen, 1994), é representada por valores dessa subfunção. Ela é menos pragmática na busca do *status* social ou na hora de assegurar segurança e estabilidade sociais. Seus valores contribuem para a promoção de mudanças e inovações na estrutura de organizações sociais e são tipicamente endossados por jovens (Vione, 2012). Indivíduos que adotam tais valores não se conformam facilmente com regras sociais (Pimentel, 2004; Santos, 2008), não sendo orientados a buscar metas fixas ou materiais a longo prazo.

Sexualidade, prazer e *emoção.* Tais valores podem adequadamente representar essa subfunção. O valor sexualidade, representando a necessidade de sexo, tem sido tratado como um indicador ou fator de moralidade (Braithwaite & Scott, 1991) ou religiosidade (Braithwaite & Law, 1985). Esse valor enfatiza a obtenção de satisfação nas relações sexuais. Prazer corresponde a uma necessidade orgânica de satisfação em sentido mais amplo (comer ou beber por prazer, divertir-se), e sua fonte de satisfação é inespecífica (Braithwaite & Law, 1985). Finalmente, emoção representa a necessidade fisiológica de excitação e a busca de experiências arriscadas, tendo sido considerada como parte do valor de estimulação, hedonismo (Schwartz, 1992) ou estimulação social (Braithwaite & Law, 1985).

Subfunção interativa. É a terceira subfunção que representa um motivador humanitário com orientação social. Destacam-se o destino comum e a experiência afetiva compartilhada entre indivíduos, representando as necessidades de pertença, amor e afiliação (Maslow, 1954). Seus valores são essenciais para estabelecer, regular e manter as relações interpessoais. Os contatos sociais são uma meta em si, enfatizando atributos mais afetivos e abstratos. As pessoas que adotam tais valores como princípios que guiam suas vidas são principalmente jovens (Vione, 2012) e aquelas orientadas para relações íntimas estáveis, quando desejam constituir família (Milfont, Gouveia, & Da Costa, 2006).

Afetividade, convivência e *apoio social* são valores específicos que podem ser adotados para representar essa subfunção. A afetividade é relacionada com aspectos da vida social, enfatizando relações familiares e íntimas e compartilhando cuidado, afeto, prazer e até mesmo tristeza (Braithwaite & Law, 1985; Rokeach, 1973; Schwartz, 1992). O valor convivência, diferente de afetividade, não é centrado em relações íntimas, mas nas relações pessoa-grupo. Esse valor requer um sentido de identidade, indicado pela noção de pertencer a grupos sociais e conviver com vizinhos (Levy, 1990; Schwartz, 1992). Por fim, apoio social enfatiza uma relação próxima com seu grupo social, garantindo a confiança e o suporte grupal, evitando a sensação de solidão e obtendo ajuda quando necessário (Braithwaite & Scott, 1991; Schwartz, 1992).

Essas seis subfunções têm alguma relação com os tipos motivacionais de valores presentes no modelo de Schwartz (1992), conforme descreve Gouveia (2003). Porém, não são as mesmas. Por exemplo, naquele modelo não existe qualquer valor que descreva direta e claramente a subfunção *existência*, que não equivale à *segurança*, envolvendo elementos que destacam interesses pessoais e sociais; *universalismo* é muito amplo, incluindo uma mescla de valores e atitudes, focando em aspectos como "unidade com a natureza" e "proteção do meio ambiente", que não correspondem à subfunção *suprapessoal*. Naquele autor, *conformidade* e *tradição* parecem reduzíveis à subfunção *normativa*; *poder* e *realização* podem ser apreendidos pela subfunção *realização*; *estimulação* e *hedonismo* se fundem na subfunção *experimentação*; e, finalmente, *benevolência* tem conteúdo próximo à subfunção *interativa*. Não se encontra na teoria funcionalista um fundamento para o tipo motivacional *autodireção*, que parece refletir mais um traço de personalidade e, de fato, é o que apresenta maior correlação com os *big five* (Roccas, Savig, Schwartz, & Knafo, 2002).

TABELA 2. Subfunções valorativas, seus tipos de motivador e orientação, e os marcadores valorativos selecionados.

Subfunções valorativas	Combinação	Marcadores valorativos e descritores
Experimentação	Motivador humanitário e orientação pessoal	*Emoção*. Desfrutar desafiando o perigo; buscar aventuras. *Prazer*. Desfrutar da vida; satisfazer todos os seus desejos. *Sexualidade*. Ter relações sexuais; obter prazer sexual.
Realização	Motivador materialista e orientação pessoal	*Poder*. Ter poder para influenciar os outros e controlar decisões; ser o chefe de uma equipe. *Prestígio*. Saber que muita gente lhe conhece e admira; quando velho, receber uma homenagem por suas contribuições. Êxito. Obter o que se propõe; ser eficiente em tudo que faz.
Existência	Motivador materialista e orientação central	*Saúde*. Preocupar-se com sua saúde antes mesmo de ficar doente; não estar enfermo. *Estabilidade pessoal*. Ter certeza de que amanhã terá tudo o que tem hoje; ter uma vida organizada e planificada. *Sobrevivência*. Ter água, comida e poder dormir bem todos os dias; viver em um lugar com abundância de alimentos.
Suprapessoal	Motivador humanitário e motivador central	*Beleza*. Ser capaz de apreciar o melhor da arte, música e literatura; ir a museus ou exposições onde possa ver coisas belas. *Conhecimento*. Procurar notícias atualizadas sobre assuntos pouco conhecidos; tentar descobrir coisas novas sobre o mundo. *Maturidade*. Sentir que conseguiu alcançar seus objetivos na vida; desenvolver todas as suas capacidades.

Subfunções valorativas	Combinação	Marcadores valorativos e descritores
Interativa	Motivador humanitário e orientação social	*Afetividade.* Ter uma relação de afeto profunda e duradoura; ter alguém para compartilhar seus êxitos e fracassos. *Convivência.* Conviver diariamente com os vizinhos; fazer parte de algum grupo, como: social, religioso e esportivo. *Apoio social.* Obter ajuda quando a necessite; sentir que não está só no mundo.
Normativa	Motivador materialista e orientação social	*Obediência.* Cumprir seus deveres e obrigações do dia a dia; respeitar seus pais, os superiores e os mais velhos. *Religiosidade.* Crer em Deus como o salvador da humanidade; cumprir a vontade de Deus. *Tradição.* Seguir as normas sociais do seu país; respeitar as tradições da sua sociedade.

Em resumo, o *conteúdo dos valores* se refere (a) ao número de subfunções necessárias para apreender o espaço axiológico e (b) à adequação do conjunto de indicadores ou valores específicos para representar as subfunções valorativas. Quanto a este último aspecto, apresenta-se na Tabela 2 um sumário das seis subfunções, com os tipos de orientações e motivadores, assim como a indicação de cada um dos dezoito valores específicos comumente empregados para representá-las (Fischer *et al.*, 2011).

4.5.2. Estrutura das subfunções valorativas

Essa teoria prevê, ainda, uma estrutura que organiza as funções e subfunções dos valores, em consonância com a Figura 9, tendo como referência principal a combinação das duas dimensões funcionais. Concretamente, hipotetiza-se uma configuração com duas facetas axiais (Shye & Elizur, 1994). A primeira representa o eixo horizontal, correspondendo ao *tipo de orientação* (social, central ou pessoal). Os valores centrais são localizados no centro do espaço bidimensional, de um lado estão os valores que cumprem a orientação pessoal e, do outro, aqueles cuja orientação é social. A segunda faceta axial representa o eixo vertical, correspondendo aos *tipos de motivadores* [materialista (pragmático) ou humanitário (idealista)], que se localizam em regiões diferentes. Assim, na teoria ora tratada a estrutura dos valores se refere à representação espacial das seis subfunções valorativas, resultantes do cruzamento (combinação) das duas dimensões funcionais anteriormente descritas.

É possível que essa estrutura dos valores seja universal. Ela tem sido observada no Brasil (Gouveia, 2003; Medeiros *et al.*, 2012) e na Espanha (Gouveia *et al.*, 2010), empregando procedimento de escalonamento multidimensional tanto exploratório como confirmatório. Por meio da abordagem de GPA (Generalized Procrustes Analysis), corroborou-se que a estrutura 3 (*tipo de orientação*: social, central e pessoal) x 2 (*tipo de motivador*: materialista e humanitário) foi identificada em doze países (Alemanha, Argentina, Brasil, Colômbia, Espanha, Filipinas, Honduras, Inglaterra, Israel, México, Nova Zelândia e Peru), com ajuste total (Phi de Tucker) superior a 0,90 e com perda de informação inferior a 0,10 (Medeiros, 2011). Desse modo, parecem existir evidências para corroborar essa estrutura.

4.6. HIPÓTESES DE CONGRUÊNCIA E COMPATIBILIDADE

No modelo de Schwartz (1992, 1994; Schwartz & Bilsky, 1987, 1990), a ideia de conflito dos valores é evidente, de modo que ele toma como referência a curva sinusoidal para explicar a relação entre os valores e as variáveis externas. Nesse sentido, a escolha do círculo (Figura 8) não foi ocasional, tendo o propósito de refletir as (in)compatibilidades entre os tipos motivacionais de valores. Concretamente, seu modelo assume que alguns tipos motivacionais estão em conflito com outros (por exemplo, *autodireção* e *conformidade*), enquanto que outros são compatíveis (por exemplo, *realização* e *poder*). Fica evidente, pois, que existe uma ambiguidade quanto ao significado de conflito, mesclando a relação dos valores com variáveis externas, por um lado, e a associação que se estabelece internamente ao conjunto de valores, de outro.

Além disso, apenas são indicados que tipos motivacionais estão em conflito, ignorando o grau desta (in)compatibilidade.

4.6.1. Diferenciando compatibilidade e congruência valorativa

Na *teoria funcionalista dos valores* não se admite o conflito inerente aos valores. Embora alguns deles possam ser mais desejáveis que outros, em razão da suposição teórica da natureza benevolente do ser humano, todos os valores são considerados desejáveis e positivos. Provavelmente, pessoas maduras, satisfeitas e autorrealizadas apresentem um sistema de valores mais harmonioso (Maslow, 1954), avaliando todas as subfunções como importantes. Estima-se, assim, que pessoas que priorizam subfunções específicas (experimentação, realização) em detrimento de outras (normativa, interativa) podem ser menos maduras, não terem desenvolvido seus sistemas de valores completamente ou terem sido socializadas em contexto no qual algumas de suas necessidades foram privadas, o que as fez priorizar alguns valores mais do que outros. Como corolário, essa teoria prediz que as correlações entre as seis subfunções de valores são predominantemente positivas, sendo a correlação média mais alta e consistente entre pessoas maduras e/ou autorrealizadas.

Parece clara, portanto, a diferença entre esta teoria e o modelo proposto por Schwartz (1992; Schwartz & Bilsky, 1987, 1990). Embora Schwartz trate como sinônimos *congruência* e *compatibilidade*, existem vantagens conceituais e práticas em diferenciá-las. A *compatibilidade* indica um critério externo, correspondendo ao padrão de correlação estabelecido entre os valores e as variáveis antecedentes (VIs) e/ou consequentes (VDs). Por outro lado, a *congruência* indica a consistência do sistema de valores ou subfunções, ou seja, quão forte são suas correlações entre si. A *compatibilidade*, portato, refere-se à validade de critério ou capacidade preditiva das subfunções valorativas, enquanto que a congruência expressa a consistência interna no sistema valorativo funcional. Entretanto, esses não são conceitos desconexos: o grau de congruência pode facilitar a predição do padrão de correlações das subfunções com variáveis externas, embora jamais o determine. Vale a pena lembrar que as subfunções apresentam também indicadores de validade discriminante (Medeiros, 2011).

4.6.2. Graus de congruência valorativa

Esta teoria permite calcular padrões de congruência entre as subfunções valorativas. Para representar tais padrões, pode-se tomar como referência a figura de um hexágono (Gouveia, Milfont *et al.*, 2011), que tem vantagens quando comparada com um círculo, pois apresenta seis lados que podem ser ordenados para representar graus diferentes de congruência. A Figura 10 mostra como as funções e subfunções dos valores são organizadas em hexágono, permitindo representar três graus de congruência postulados entre as subfunções de valores:

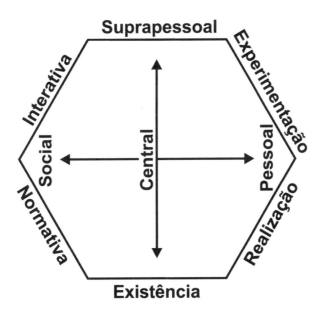

FIGURA 10. Congruência das subfunções dos valores básicos.

Congruência baixa. As subfunções que retratam orientações e motivadores diferentes revelam grau baixo de congruência. Nesse caso, os pares interativa-realização e normativa-experimentação têm baixa congruência, e tais subfunções são, então, colocadas em lados opostos do hexágono. Espera-se que o par interativa-realização demonstre baixa congruência porque, ao menos em culturas coletivistas, realização não é incompatível com a manutenção de relações interpessoais (Gouveia, 2003; Ros & Gómez, 1997). As subfunções interativa e realização compreendem princípios relativamente independentes, com baixa congruência, mas sem expressar incompatibilidade. O par normativa-experimentação expressa a tendência a enfocar a segurança (Apolônio) ou o prazer (Dionísio), respectivamente (Kluckhohn, 1951/1968). Apesar de revelarem um conflito entre si (Schwartz, 1992), parece mais adequado tratá-las como princípios independentes. As pessoas podem obter aventura e prazer em ambiente convencional, sendo o caso, por exemplo, dos mais velhos que foram educados em condições tradicionais, mas que desfrutam os prazeres da vida. Isso não exclui que a ênfase em valores de experimentação implica a quebra de regras sociais, especialmente entre indivíduos mais jovens (Santos, 2008), cujos sistemas de valores estão em formação.

Congruência moderada. Os pares normativa-realização e interativa-experimentação expressam congruência moderada, pois representam o mesmo motivador, mas com diferentes tipos de orientação. O par normativa-realização enfatiza a busca de coisas e ideias concretas, embora priorizando unidades diferentes de sobrevivência: o grupo social ou o indivíduo, respectivamente. Embora Schwartz e Bilsky (1987) não proponham qualquer hipótese sobre a compatibilidade de tipos motivacionais semelhantes (conformidade restritiva e realização, respectivamente; Schwartz, 1992), em seu estudo observaram que tais valores foram situados em áreas intercaladas. Isso indica que é possível alcançar metas pessoais mesmo seguindo princípios convencionais, por exemplo: embora indivíduos com orientação vertical-coletivista priorizem valores normativos, eles também podem ser descritos como guiados por sucesso e trabalho duro (Gouveia *et al.*, 2002, 2003). O par interativa-experimentação enfatiza princípios menos materialistas. Pessoas que se guiam por seus valores não se prendem a bens materiais; elas são menos orientadas para sobrevivência e dão mais importância a afetos e prazeres da vida, podendo priorizar seus interesses pessoais ou suas relações interpessoais. É provável, por exemplo, haver indivíduos que endossem uma orientação horizontal-coletivista enfatizando valores interativos sem rejeitar aqueles de experimentação (Gouveia *et al.*, 2002). Contudo, essa ideia não é compartilhada por Schwartz e Bilsky (1987), sugerindo que são tipos motivacionais incompatíveis (pró-social-prazer ou benevolência-hedonismo). Porém, não foi isso que se observou em uma amostra de professores israelenses: valores de prazer (felicidade, alegria) foram localizados relativamente próximos àqueles pró-sociais (honesto, amoroso).

Congruência alta. As subfunções que compartilham o mesmo tipo de orientação mas expressam tipos diferentes de motivador apresentam máxima congruência. Por isso, elas estão situadas em lados adjacentes do hexágono, que correspondem aos pares realização-experimentação e normativa-interativa. Indivíduos guiados pelo par realização-experimentação priorizam suas metas e seus interesses acima de qualquer coisa ou pessoa, e por isso são caracterizados como individualistas. Os tipos motivacionais de realização e hedonismo/estimulação de Schwartz (1992) e a descrição de Triandis (1995) sobre individualistas em termos de orientações de realização e unicidade são relacionados com as subfunções desse par, respectivamente. Indivíduos que enfatizam o par normativa-interativa, por outro lado, acentuam metas e interesses sociais, correspondendo a pessoas coletivistas. Os tipos motivacionais de conformidade/tradição e benevolência, descritos por Schwartz (1992), e as orientações de obediência e cooperação, apresentadas por Triandis (1995), são, respectivamente, relacionados com as subfunções desse par.

Agora, o leitor pode se perguntar: qual a razão de terem sido excluídas da hipótese de congruência as subfunções existência e suprapessoal? Isso foi intencional, pautando-se em duas razões teóricas importantes. Primeiramente, elas correspondem ao tipo de orientação central, sendo a referência de e compatível com todas as outras subfunções (Fischer *et al.*, 2011; Gouveia *et al.*, 2008). Desse modo, é comum que apresentem correlações positivas e fortes com tais subfunções. Sustentando essa predição, observou-se que valores materialistas e pós-materialistas podem coexistir harmoniosamente (Inglehart, 1991; Ronen, 1994). Em segundo lugar, a distinção entre os valores sociais e pessoais é considerada teoricamente mais importante do que a distinção entre os valores materialistas e humanitários (Fischer *et al.*, 2011), pois, provavelmente, a dicotomia social-pessoal é a diferença essencial entre os valores terminais (Mueller & Wornhoff, 1990; Rokeach, 1973).

Resumindo, a presente teoria contribui no plano conceitual com a diferenciação entre congruência e compatibilidade dos valores, oferecendo também um cálculo de graus de congruência. Potencialmente, isso favorece uma explicação mais consistente acerca da razão de alguns valores ou determinadas subfunções apresentarem diferentes padrões de correlação com respeito a determinados comportamentos, crenças e atitudes. No próximo capítulo serão resumidos alguns achados que corroboram esses fundamentos da teoria.

4.7. MEDIÇÃO DOS VALORES HUMANOS

A *teoria funcionalista dos valores* deu origem a diversas versões de instrumentos, tipo lápis e papel, principiando com aquela dos anos 1990, cuja versão final ficou composta de 66 itens, representando 22 valores que descreviam as seis subfunções (Gouveia, 1998). Posteriormente, surgiram versões mais reduzidas, como as de 24 (Gouveia, 2003) e 18 (Gouveia *et al.*, 2008) itens. Esta é a mais conhecida, empregada no Brasil e em diversos países (Medeiros, 2011), contando com um instrumento correspondente destinado ao público infantil (Gouveia, Milfont *et al.*, 2011). Neste livro a ênfase recai na versão geral do *Questionário dos Valores Básicos* (*QVB*), com dezoito itens, procurando contextualizar seu desenvolvimento e descrevendo seus principais parâmetros psicométricos.

4.7.1. Fonte dos valores e versões dos instrumentos

A primeira versão do QVB (Gouveia, 1998), partindo da concepção dos valores como construtos latentes, procurou reunir itens disponíveis na literatura que possibilitassem representá-los adequadamente (Braithwaite & Law,

1985; Braithwaite & Scott, 1991; Levy, 1990; Schwartz, 1992). Posteriormente, foram redigidas outras versões que pudessem representar os valores comumente não considerados, como sobrevivência, e aqueles que eram apenas parcialmente contemplados, como saúde e intimidade.

Em sua versão inicial, o QVB foi genericamente identificado como *Formas de entender a vida*, compondo-se de duzentos itens distribuídos igualmente em vinte valores citados na literatura: afetividade, apoio social, autodireção, beleza, emoção, estabilidade pessoal, estimulação, justiça social, honestidade, maturidade, ordem social, pertença, prestígio, realização, religiosidade, sabedoria, saúde, sexual, sobrevivência e tradição. Foi desenvolvido, então, um primeiro estudo, com 143 estudantes universitários de Madri (Espanha), procurando selecionar os itens mais adequados a partir de dois critérios: correlação item-total ($r \geq 0,25$, $p < 0,01$) e poder discriminativo ($t \geq 3,50$, $p \leq 0,001$), com os grupos formados de acordo com a mediana. A partir das análises estatísticas e semânticas dos itens, ficou evidente a necessidade de derivar dois novos valores: intimidade e poder, que pareciam implícitos em autodireção e prestígio. Com isso, foram mapeados 22 valores, resultando na seleção de 110 itens, cinco por valor. Essa versão foi denominada Forma A, posteriormente aplicada a 250 estudantes universitários espanhóis com as mesmas características, avaliando a possibilidade de reduzir mais ainda o conjunto de itens sem comprometer a medida. O critério foi estatístico: reduzir o número de itens por valor (fator) sem diminuir sua consistência interna. Comparando os alfas de Cronbach com cinco ($\alpha_{médio} = 0,74$) e três ($\alpha_{médio} = 0,72$) itens, foi constatado que não havia diferença significativa [F (249) = 1,08, $p > 0,05$]. Desse modo, Gouveia (1998) propôs uma versão com 66 itens, três para cada valor, identificada como Forma B.

Gouveia (1998) realizou um terceiro estudo para testar a estrutura teórica proposta, que sugeria a presença dos 22 valores previamente indicados. Nesse sentido, foram levadas em conta duas amostras com características similares às anteriores, realizando uma análise fatorial exploratória ($n = 250$; participantes do estudo anterior) e análise fatorial confirmatória ($n = 298$; participantes não incluídos previamente). Foram comprovadas evidências de validade de construto e confiabilidade do conjunto de valores, demonstrando que esse instrumento era adequado para mensurar a lista proposta de valores. Portanto, ele foi aplicado posteriormente a 1.150 pessoas, brasileiras (n = 575; João Pessoa, Brasília e São Paulo) e espanholas (n = 575; Pontevedra, Madri e Barcelona), todas estudantes universitárias. Observaram-se evidências de invariância fatorial nesses países quanto às seis subfunções valorativas [experimentação, realização, existência, suprapessoal, normativa (inicialmente denominada *grupal*) e interativa]. Excluindo as subfunções existência e suprapessoal, procurando conhecer como se apresentavam os valores que descrevem as orientações individualista e coletivista, uma análise de escalonamento multidimensional (*MDS*) demonstrou que as subfunções com tipos de orientação social e pessoal poderiam ser claramente separadas.

Gouveia (2003) aprimorou sua tipologia e medida, acrescentando dois valores à Forma B, atingindo um total de 24 valores básicos. No entanto, a mudança mais radical foi em definir esses valores, dando ênfase às subfunções valorativas. Em vez de três itens, decidiu-se considerar um único por valor, com dois descritores (por exemplo: *Emoção*. Desfrutar da vida desafiando o perigo; buscar aventuras; *Saúde*. Preocupar-se com sua saúde antes mesmo de ficar doente; não estar enfermo; *Tradição*. Seguir as normas sociais do seu país; respeitar as tradições da sua sociedade), procurando que existissem quatro valores para cada uma das seis subfunções. A estrutura fatorial correspondente foi confirmada em amostra com 606 estudantes universitários brasileiros. Um MDS (Escalonamento Multidimensional) exploratório revelou a separação entre os três tipos de orientações e os dois tipos de motivadores, bem como a diferenciação e a convergência entre as subfunções valorativas e os tipos motivacionais de valores de Schwartz (1992).

A versão atual do QVB segue a estrutura da anteriormente descrita, porém procura ser mais parcimoniosa, retendo apenas três valores por subfunção, resultando em 18 itens/valores específicos (Apêndice; Gouveia *et al.*, 2008). Destaca-se que foram excluídos os itens *autodireção* e *privacidade*, entendendo que expressavam conteúdos mais apropriados para traços de personalidade. Portanto, as seis subfunções valorativas são definidas como construtos latentes, sendo representadas por esse conjunto de valores específicos ou marcadores valorativos, selecionados em pesquisas prévias, considerando múltiplos critérios: distinção de conteúdo, poder discriminativo, homogeneidade dos valores na mesma subfunção e adequação em termos da estrutura fatorial correspondente. Essa versão conta atualmente com traduções para seis idiomas: alemão, espanhol, francês, inglês, macedônio e norueguês.

4.7.2. Formato e tempo de resposta

Alguns dos instrumentos para medir valores, sobretudo os primeiros, têm empregado escalas de ordenação (*ranking*) (Inglehart, 1991; Kohn, 1969/1977; Rokeach, 1973). Este é um procedimento plausível e adequado quando o número de itens é reduzido, como nos casos de Inglehart (1991) e Kohn (1969/1977); porém, pode ser mais complicado no caso de Rokeach (1973), que conta com duas listas com 18 valores cada uma; depois de ordenar sete, oito ou nove valores, é possível que o procedimento se torne inviável, principalmente para pessoas com baixa instrução. A propósito, Schwartz (1992), que considera os itens de Rokeach (1973), acrescentando outros para o seu Schwartz Values Survey, procura combinar esse tipo de estratégia com a de escalas intervalares (*rating*). No caso, solicita aos respondentes para pensarem no valor contrário aos seus, que recebe a pontuação -1, e logo que indiquem os de máxima importância, que recebem o peso 7, e, finalmente, solicita que procurem diferenciar os demais valores. Quiçá esse procedimento se justifique na abordagem de Schwartz, que pretende que os valores revelem algum grau de conflito entre eles; porém, no geral, segue sendo complexo, razão que tem favorecido o aparecimento de outras versões para avaliar os valores no seu modelo (Döring, Blauensteiner, Aryus, Drögekamp, & Bilsky, 2010; Tamayo & Porto, 2009).

Tendo em conta o descrito, considerando o que estabelece a Teoria funcionalista dos valores, Gouveia (1998, 2003; Gouveia *et al.*, 2008) optou por elaborar um instrumento de avaliação (*rating*) tratando com múltiplos descritores para cada um dos valores. Neste sentido, a versão utilizada hoje em dia é formada por dezoito valores ou itens específicos, apresentando dois descritores cada um, como previamente informado. Depois de ler as instruções e considerar cada valor, os participantes avaliam o quanto o consideram importante como um princípio-guia em suas vidas, tomando em conta uma escala de resposta de sete pontos, com os seguintes extremos: 1 (Totalmente não importante) e 7 (Extremamente importante). Aproximadamente, em média, cerca de cinco minutos são suficientes para respondê-lo.

4.7.3. Parâmetros psicométricos

O Questionário dos Valores Básicos tem sido empregado em diversas pesquisas nacionais e internacionais (Medeiros, 2011). Inicialmente, Gouveia (1998) reuniu evidências de sua adequação psicométrica (validade fatorial, validade convergente, consistência interna) no Brasil e na Espanha. Posteriormente, Maia (2000), por meio de análise fatorial confirmatória, avaliou a adequação de contar com seis subfunções valorativas, observando resultados favoráveis. Seu estudo, entretanto, usou a versão de 24 itens. Como relatado anteriormente, um estudo diferente com essa mesma versão foi desenvolvido por Gouveia (2003), que também mostrou compreender um instrumento adequado. Mais recentemente, Gouveia *et al.* (2010) testaram formalmente as hipóteses de *conteúdo* e *estrutura* inerentes a essa teoria, considerando a versão corrente do QVB, com 18 itens, respondida por 582 espanhóis. Os resultados corroboraram ambas as hipóteses. Contudo, o estudo mais amplo sobre essa teoria foi levado a cabo por Medeiros (2011), que recebe aqui maior destaque.

4.7.3.1. Evidências de validade

Medeiros (2011) procurou conhecer evidências de validades convergente e discriminante do QVB empregando os seguintes critérios: a *variância média extraída* (VME) (*validade convergente*) de cada subfunção, com valores iguais ou superiores a 0,50, assegurando a adequação da medida; e a raiz quadrada da VME (*validade discriminante*), que precisa ser superior ao coeficiente de correlação (Φ) entre cada par de subfunções. Os resultados foram relatados para cada uma das cinco regiões brasileiras, como seguem:

Região Norte. A VME se situou, em média, em 0,52 [*dp* = 0,04; amplitude de 0,44 (*suprapessoal*) a 0,57 (*normativa*)]. No que se refere às evidências de validade discriminante das subfunções, as de *existência* e *suprapessoal* se mostraram fortemente correlacionadas entre si (Φ = 0,86), superando as $\sqrt{}$VMEs de ambas (0,73 e 0,66, respectivamente). *Existência* se correlacionou também significativamente com as subfunções *normativa* (Φ = 0,79), *interativa* (Φ = 0,78) e *realização* (Φ = 0,75), enquanto *suprapessoal* o fez com *realização* (Φ = 0,81) e *interativa* (Φ = 0,79). Por fim, *interativa* e *normativa* se correlacionaram entre si (Φ = 0,84), sendo esse coeficiente superior aos observados para suas $\sqrt{}$VMEs (0,71 e 0,75, respectivamente).

Região Nordeste. A VME teve valor médio de 0,46 [*dp* = 0,06, variando de 0,39 (*realização* e *normativa*) a 054 (*existência*)]. Quanto à validade discriminante, as subfunções *existência* e *suprapessoal* se mostraram fortemente correlacionadas entre si (Φ = 0,98), superando as respectivas $\sqrt{}$VMEs (0,73 e 0,70). *Existência* se correlacionou ainda com *realização* (Φ = 0,90) e *normativa* (Φ = 0,75), enquanto que *suprapessoal* o fez com *interativa* (Φ = 0,88) e *realização* (Φ = 0,87). Finalmente, a correlação entre *experimentação* e *realização* (Φ = 0,73) foi superior aos coeficientes observados para suas $\sqrt{}$VMEs (0,69 e 0,72, respectivamente).

Região Centro-Oeste. A VME apresentou valor médio de 0,51 [*dp* = 0,03; amplitude de 0,46 (*suprapessoal*) a 0,55 (*normativa*)]. Tratando-se de evidências de validade discriminante das subfunções, a correlação entre *existência* e *suprapessoal* foi alta (Φ = 0,98), superando suas $\sqrt{}$VMEs (0,73 e 0,68, respectivamente). *Existência* se correlacionou com *interativa* (Φ = 0,74), semelhante ao que ocorreu com essa subfunção e a *suprapessoal* (Φ = 0,78); esta última também se correlacionou com *realização* (Φ = 0,70). Por fim, a correlação entre *interativa* e *normativa* (Φ = 0,79) foi superior aos coeficientes observados para as raízes quadradas de suas VMEs (0,71 e 0,74, respectivamente).

Região Sudeste. A VME média foi de 0,52 [*dp* = 0,03, variando de 0,48 (*suprapessoal*) a 0,57 (*normativa*)]. Com respeito às evidências de validade discriminante, observou-se forte correlação entre *existência* e *suprapessoal* ($\Phi = 0,98$), superando suas respectivas $\sqrt{\text{VMEs}}$ (0,73 e 0,69). Essas duas subfunções se correlacionaram também com *interativa* ($\Phi = 0,75$ e 0,81, respectivamente), coeficientes que foram superiores às raízes quadradas de suas VMEs (0,73 e 0,69, respectivamente). Por fim, as subfunções *interativa* e *normativa* se correlacionaram entre si ($\Phi = 0,78$; $\sqrt{\text{VMEs}} = 0,70$ e 0,75, respectivamente), tendo ocorrido o mesmo com *experimentação* e *realização* ($\Phi = 0,77$; $\sqrt{VMEs} = 0,72$ e 0,73, respectivamente).

Região Sul. A VME média foi de 0,52 [$dp = 0,05$, amplitude de 0,44 (*suprapessoal*) a 0,58 (*normativa*)]. Quanto à validade discriminante, as subfunções *existência* e *suprapessoal* apresentaram correlação alta entre si ($\Phi = 0,95$), coeficiente superior às suas $\sqrt{\text{VMEs}}$ (0,72 e 0,66, respectivamente). *Suprapessoal* se correlacionou também com a subfunção *interativa* ($\Phi = 0,75$), coeficiente superior às suas $\sqrt{\text{VMEs}}$ (0,66 e 0,71, respectivamente). Por fim, as subfunções *experimentação* e *realização* se correlacionaram igualmente ente si ($\Phi = 0,76$; $\sqrt{VMEs} = 0,72$ para ambas).

Em resumo, constata-se que a maioria das subfunções valorativas apresentou *validade convergente* nas regiões brasileiras, com algumas exceções que obtiveram valores algo inferiores a 0,50, porém nunca sistematicamente. Quanto à *validade discriminante*, se excluídas as subfunções *existência* e *suprapessoal*, que, teoricamente, são congruentes com todas as outras (Gouveia *et al.*, 2008, 2010), percebe-se que as demais subfunções apresentaram evidências desse tipo de validade. Tais resultados foram ainda mais promissores quando consideradas as amostras dos países (Medeiros, 2011).

4.7.3.2. Evidências de confiabilidade

Foram considerados múltiplos indicadores desse parâmetro. Embora seja comum empregar o alfa de Cronbach para medidas supostamente de tipo escalar (*rating*; Pasquali, 2003), o índice de homogeneidade e a confiabilidade composta são indicadores complementares, que contribuem para dirimir dúvidas. O primeiro tem a vantagem de não ser influenciado pelo número de itens, deixando de punir um construto com poucos itens, como as subfunções valorativas. O segundo não impõe o pressuposto de unidimensionalidade, não requerendo *tau* equivalência, ou seja, não exige que as saturações sejam equivalentes, além de não requerer independência dos erros de medida (Hair, Anderson, Tatham, & Black, 2009). Comumente, é desejável que o alfa de Cronbach se situe acima de 0,70. No entanto, valores próximos a 0,60 têm sido aceitos sobretudo quando não se trata de diagnóstico e o construto é menos resistente à mudança (Mueller, 1986; Peterson, 1994). No caso da homogeneidade, avaliada por meio da correlação inter-itens, recomenda-se que se situe acima de 0,20 (Clark & Watson, 1995). Finalmente, sugere-se que a confiabilidade composta (CC) seja igual ou superior a 0,70 (Hair *et al.*, 2009), admitindo-se valores a partir de 0,60 (Škerlavaj & Dimovski, 2009). A seguir, serão apresentados os principais resultados por região do Brasil (Medeiros, 2011):

Região Norte. Foi observado alfa de Cronbach (α) médio de 0,45 (*dp* = 0,05), cujos valores variaram entre 0,38 (*realização*) e 0,53 (*normativa*). Calcularam-se ainda as correlações inter-itens para cada subfunção, as quais apresentaram valor médio de 0,23 (*dp* = 0,04), amplitude de 0,18 (*realização*) a 0,30 (*normativa*). A confiabilidade composta (CC) média ficou em 0,68 (*dp* = 0,04), variando de 0,63 (*realização*) a 0,74 (*interativa*).

Região Nordeste. Comprovou-se índice médio de consistência interna (α) de 0,47 (*dp* = 0,06), oscilando entre 0,39 (*realização*) e 0,55 (*existência*). A homogeneidade média ficou em 0,24 (*dp* = 0,05), variando de 0,17 (*realização*) a 0,29 (*normativa e existência*). Por fim, a confiabilidade composta média se situou em 0,69 (*dp* = 0,02), com amplitude de 0,66 (*existência*) a 0,72 (*experimentação*).

Região Centro-Oeste. O alfa de Cronbach médio das subfunções nesta região foi de 0,50 (*dp* = 0,04), variando de 0,45 (*suprapessoal*) a 0,56 (*existência*). A homogeneidade média ficou em 0,26 (*dp* = 0,03), variando de 0,23 (*suprapessoal*) a 0,30 (*existência e normativa*). Para confiabilidade composta o valor médio foi de 0,67 (*dp* = 0,04), situando-se entre 0,64 (*suprapessoal*) e 0,72 (*interativa*).

Região Sudeste. A consistência interna (α) média nessa região foi de 0,52 (*dp* = 0,04), com amplitude de 0,47 (*interativa*) a 0,56 (*existência*). Os coeficientes de homogeneidade apresentaram média de 0,27 (dp = 0,03), variando de 0,24 (*interativa*) a 0,32 (*normativa*). Por último, a confiabilidade composta média foi de 0,68 [dp = 0,03; amplitude de 0,64 (*suprapessoal*) a 0,73 (*interativa*)].

Região Sul. O alfa de Cronbach médio das subfunções nesta região ficou em 0,51 (dp = 0,05), variando de 0,44 (*suprapessoal*) a 0,55 (*realização*). Observou-se um coeficiente médio de homogeneidade de 0,27 [dp = 0,05; amplitude de 0,21 (*suprapessoal*) a 0,35 (*normativa*)]. Finalmente, a confiabilidade composta média ficou em 0,68 [dp = 0,04; amplitude de 0,63 (*existência*) a 0,74 (*interativa*)].

Em resumo, no geral, os indicadores de confiabilidade favorecem a ideia de que esse parâmetro do *QVB* apresenta evidências satisfatórias. O fato de os alfas de Cronbach estarem abaixo do recomendado na literatura (0,70; Pasquali, 2003) não causa surpresa; o número de itens por valor é pequeno e o construto avaliado é pouco variável no âmbito de uma cultura (Gouveia, Santos, & Milfont, 2009). Contudo, mesmo não sendo muito altos, os coeficientes correspondentes observados na Espanha foram mais meritórios, apresentando média de 0,60, variando de 0,52 (*suprapessoal*) a 0,66 (*realização*) (Gouveia *et al.*, 2010). Nesse sentido, os outros dois indicadores considerados trazem luz às dúvidas, sustentando a adequação desse parâmetro. Tenha-se igualmente em conta que o SVS vem apresentando alfas de Cronbach baixos (0,39 a 0,64 para tradição), mesmo considerando mais itens (Schwartz, 2005; Schwartz & Rubel, 2005). Verkasalo, Lonnqvist, Lipsanen e Helkama (2009), utilizando uma versão alternativa dessa medida (o *PQ-21*), encontraram coeficientes ainda mais baixos para os dez tipos motivacionais, variando de 0,20 a 0,41 (m = 0,30, dp = 0,06). Portanto, justifica-se o uso dessa versão do QVB em pesquisas tanto intra como interculturais.

5 EVIDÊNCIAS EMPÍRICAS DA TEORIA

Passada uma década desde a proposta da *teoria funcionalista dos valores* (Gouveia, 1998, 2003), o montante de estudos em que ela tem sido empregada é bastante expressivo, incluindo participantes de todas as regiões do Brasil e de diversos países do mundo (Gouveia *et al.*, 2011; Medeiros, 2011). Contou-se com diversas versões para medir os valores, constituídas por números variados de itens e destinadas a grupos diferentes (crianças, adultos etc.). Desse modo, parece plausível sustentar sua adequação como ferramenta de pesquisa, triagem e mesmo diagnóstico, permitindo conhecer os valores das pessoas em contextos e culturas variados. Aqui estão reunidos alguns estudos que oferecem evidências a respeito, buscando estruturar os achados segundo dois grupos principais de hipóteses dessa teoria: (1) conteúdo e estrutura e (2) congruência e compatibilidade dos valores.

5.1. EVIDÊNCIAS SOBRE O CONTEÚDO E A ESTRUTURA DOS VALORES

Certamente a maior soma de dados publicados sobre essa teoria tenha se preocupado principalmente em comprovar essas hipóteses, embora não se limite a elas (Ardilla *et al.*, 2012; Fischer *et al.*, 2011; Gouveia, Milfont *et al.*, 2009). Nesse sentido, seguem detalhados os dados observados a respeito, que dão conta das evidências favoráveis que vêm sendo reunidas.

5.1.1. Comprovação da hipótese de conteúdo

A hipótese de conteúdo tem sido comprovada por meio de análise fatorial confirmatória, checando-se o modelo original com seis fatores e, comumente, confrontando-o com os alternativos uni, bi, tri e pentafatorial. Porém, o foco dos primeiros estudos sobre essa teoria, realizados no Brasil e na Espanha na segunda metade dos anos 1990 (Gouveia, 1998), consideravam principalmente a comprovação dos valores como construtos latentes, tratando a nível de itens. Então, o instrumento utilizado era formado por 66 itens. Posteriormente, Maia (2000), utilizando uma versão com 24 itens do QVB, testou formalmente a hipótese de conteúdo dos valores. Na ocasião, levou em conta estudantes universitários pessoenses, realizando uma análise fatorial confirmatória para checar se o modelo com seis subfunções era adequado. Seus resultados, mesmo promissores, não permitiam a aceitação plena do modelo, pois não houve comparação com modelos alternativos.

Uma contribuição importante foi posteriormente apresentada por Gouveia (2003). Considerando a mesma versão do QVB e levando em conta o mesmo tipo de amostra, o autor apresentou evidências de que o modelo hexafatorial proposto era adequado (χ^2/ g.l = 2,67, GFI = 0,91, $AGFI$ = 0,89 e $RMSEA$ = 0,05), sendo inclusive superior àquele que admitia unicamente os três critérios de orientação (pessoal, central e social) [$\Delta\chi^2$ (12) = 41,19, p < 0,001]. Porém, restava ainda comparar o modelo de seis subfunções com outros possíveis.

Gouveia, Santos *et al.* (2010) ofereceram a primeira e mais completa testagem dessa hipótese, e o fizeram considerando 582 estudantes de diferentes escolaridades da cidade de La Coruña (Espanha), com idades entre 15 e 25 anos (m = 17,6), majoritariamente mulheres (52,7%). Elas responderam a versão com 18 itens do QVB. Na ocasião, foi testado primeiramente o modelo hexafatorial, que prevê as seis subfunções valorativas (*experimentação, realização, existência, suprapessoal, interativa* e *normativa*), demonstrando sua adequação (GFI = 0,87, CFI = 0,88 e $RMSEA$ = 0,10). Posteriormente, o modelo foi confrontado com os modelos unifatorial (todos os itens saturando em um único fator), bifatorial (definido em função do tipo de motivador: materialista e humanitário), trifatorial (resultado da combinação dos valores segundo o tipo de orientação: pessoal, central e social) e pentafatorial (combinando as subfunções existência e suprapessoal, que representam a espinha dorsal da organização valorativa). Claramente, o modelo original se mostrou mais adequado que os demais, seguido do pentafatorial (GFI = 0,86, CFI = 0,88 e $RMSEA$ = 0,10); porém, aquele foi ainda superior a este [$\Delta\chi^2$ (5) = 17,73, p < 0,01].

Gouveia, Milfont *et al.* (2011) também testaram formalmente a hipótese de conteúdo dos valores, embora considerando participantes e medida diferentes. Especificamente, contaram com 202 estudantes do ensino fundamental de João Pessoa (PB), entre 10 e 12 anos, a maioria do sexo feminino e de escolas públicas (54,5% para ambas as variáveis), os quais responderam a versão infantil do QVB. Seguindo o que foi descrito anteriormente, primeiro foi comprovado o modelo original (hexafatorial), que se mostrou adequado (χ^2/gl = 2,43, GFI = 0,87, $AGFI$ = 0,81, CFI = 0,81 e $RMSEA$ = 0,08). Posteriormente, esse modelo foi comparado com os demais modelos alternativos (uni, bi, tri e pentafatorial). Não foram observadas diferenças estatisticamente significativas entre os modelos hexa e pentafatorial [$\Delta\chi^2$ (5) = 10,99, p > 0,05], ambos superiores aos demais modelos (p < 0,05).

Medeiros (2011) comprovou a hipótese de conteúdo dos valores em duas amostras: uma brasileira, formada por 34.020 participantes (51,4% homens, idade média de 29,3 anos), e outra, reunindo 4.890 pessoas de 12 países (Alemanha, Argentina, Brasil, Colômbia, Espanha, Filipinas, Honduras, Inglaterra, Israel, México, Nova Zelândia e Peru). Todos responderam à versão atual do QVB para adultos. A partir de análises fatoriais confirmatórias realizadas em cada região brasileira e comparando o modelo hexafatorial com os demais (uni, bi, tri e pentafatorial), observou-se invariavelmente que o modelo original foi adequado, apresentando indicadores médios aceitáveis (GFI = 0,94, CFI = 0,82 e $RMSEA$ = 0,07). Mesmo apresentando indicadores muito próximos do modelo pentafatorial, o hexafatorial foi estatisticamente superior [$\Delta\chi^2$ (5) > 25, p < 0,001], sendo ambos mais adequados que os demais. No caso dos países, em sete deles (Alemanha, Brasil, Espanha, Inglaterra, Israel, Nova Zelândia e Peru) o modelo hexafatorial foi superior, e nos outros cinco (Argentina, Colômbia, Filipinas, Honduras e México) não diferiu do pentafatorial ($p > 0,05$). Entretanto, esses modelos foram claramente melhores que os demais.

Lima (2012) considerou uma amostra de 1.173 estudantes universitários com idades entre 18 e 90 anos ($m = 25,1$; $dp = 8,5$), a maioria do sexo feminino (65%), solteira (75%) e residindo em João Pessoa, PB (88%). Todos responderam o QVB para adultos, formado por 18 itens. Na ocasião, ele comparou o modelo de seis fatores com os modelos alternativos, reunindo evidências que deram conta da maior adequação daquele ($AGFI = 0,88$, $CFI = 0,83$ e $RMSEA = 0,08$), sendo melhor do que o pentafatorial [$\Delta\chi^2$ (5) = 20,08, $p < 0,01$], que foi também superior aos demais.

Medeiros *et al.* (2012) testaram a mesma hipótese em amostra com 12.706 pessoas da população geral de João Pessoa (PB), com idades variando entre 8 e 86 anos ($m = 20,1$, $dp = 9,62$), a maioria do sexo feminino (58,5%), com nível escolar médio (41,8%) ou fundamental (22,6%), que responderam ao QVB. O modelo de seis fatores reuniu indicadores aceitáveis de ajuste ($GFI = 0,95$, $CFI = 0,88$ e $RMSEA = 0,05$), sendo superior a todos os outros modelos alternativos, inclusive aquele composto de cinco fatores [$\Delta\chi^2$ (5) = 144,73, $p < 0,001$].

Mais recentemente, Gouveia (2012) testou a adequação do modelo hexafatorial (hipótese de conteúdo), realizando dois estudos com o QVB formado por dezoito itens: um com amostra de 50.209 brasileiros, com média de idade de 28,2 anos, a maioria estudante universitária (62%) e do sexo feminino (51,3%); e outro composto de 6.397 pessoas de vinte países (Alemanha, Argentina, Brasil, Cabo Verde, Colômbia, Canadá, Costa Rica, Espanha, Estados Unidos, Filipinas, Honduras, Inglaterra, Israel, Macedônia, México, Noruega, Nova Zelândia, Peru, Portugal e Taiwan), com idade média de 25,5 anos, predominantemente do sexo feminino (58%). Os resultados do primeiro estudo são apresentados na Tabela 3, a seguir.

EVIDÊNCIAS EMPÍRICAS DA TEORIA

TABELA 3. Indicadores de ajuste dos modelos do Questionário dos Valores Básicos no Brasil

Modelos	χ^2 (gl)	GFI	AGFI	CFI	RMSEA (IC 90%)	ECVI	$\Delta\chi^2$ (gl)
Hexafatorial	24.636,57 (120)	0,94	0,92	0,84	0,064 (0,063-0,064)	0,493 (0,483-0,503)	-
Unifatorial	43.159,70 (135)	0,90	0,87	0,72	0,080 (0,079-0,080)	0,861 (0,848-0,875)	18.523,13 (15)*
Bifatorial	42.910,34 (134)	0,90	0,87	0,72	0,080 (0,079-0,080)	0,856 (0,843-0,870)	18.273,37 (14)*
Trifatorial	30.418,09 (132)	0,93	0,91	0,80	0,068 (0,067-0,068)	0,607 (0,596-0,619)	5.781,52 (12)*
Pentafatorial	25.155,87 (125)	0,94	0,92	0,83	0,062 (0,062-0,064)	0,503 (0,493-0,513)	519,30 (5)*

Notas: N = 50.209. χ^2 = chi-quadrado, gl = graus de liberdade, GFI = Goodness-of-Fit Index, AGFI = Adjusted Goodness-of-Fit Index, CFI = Comparative Fit Index, RMSEA = Root--Mean-Square Error of Approximation, IC90% = Intervalo de Confiança de 90%, ECVI = Expected Cross-Validation Index. *$p < 0,001$.

Como é possível observar na tabela, o modelo hexafatorial reuniu os indicadores de ajuste mais satisfatórios (*GFI* = 0,94, *AGFI* = 0,92, *CFI* 0,84 e *RMSEA* = 0,06), sendo esse modelo superior ao pentafatorial [$\Delta\chi^2$ (5) = 519,30, $p < 0,001$], que é claramente mais adequado que todos os demais ($p < 0,001$).

Esse autor também considerou conjuntamente os dados dos vinte países, tratando-os como uma amostra única e realizando uma análise fatorial confirmatória para testar o modelo com seis fatores, comparando-o com aqueles alternativos. Os resutados correspondentes estáo na Tabela 4 a seguir. Também neste caso o modelo hexafatorial se confirmou adequado (*GFI* = 0,92, *AGFI* = 0,88, *CFI* = 0,82 e *RMSEA* = 0,08), seguido de perto pelo pentafatorial, mas, inclusive neste caso, aquele se mostrou superior [$\Delta\chi^2$ (5) = 108,79, $p < 0,001$].

TABELA 4. Indicadores de ajuste dos modelos do Questionário dos Valores Básicos no mundo.

Modelos	χ^2 (gl)	GFI	AGFI	CFI	RMSEA (IC 90%)	ECVI	$\Delta\chi^2$ (gl)
Hexafatorial	4.811,57 (120)	0,92	0,88	0,82	0,078 (0,076-0,080)	0,768 (0,733-0,804)	-
Unifatorial	8.301,55 (135)	0,85	0,81	0,68	0,097 (0,095-0,099)	1,309 (1,263-1,356)	3.489,98 (15)*
Bifatorial	8.141,19 (134)	0,85	0,81	0,69	0,097 (0,095-0,098)	1,284 (1,239-1,331)	3.329,62 (14)*
Trifatorial	6.517,21 (132)	0,88	0,85	0,75	0,087 (0,085-0,089)	1,031 (0,990-1,073)	1.705,64 (12)*
Pentafatorial	4.920,36 (125)	0,91	0,88	0,81	0,077 (0,076-0,079)	0,784 (0,748-0,820)	108,79 (5)*

Notas: N = 6.397. χ^2 = chi-quadrado, gl = graus de liberdade, GFI = Goodness-of-Fit Index, AGFI = Adjusted Goodness-of-Fit Index, CFI = Comparative Fit Index, RMSEA = Root-Mean-Square Error of Approximation, IC90% = Intervalo de Confiança de 90%, ECVI = Expected Cross-Validation Index. *$p < 0,001$.

Em resumo, as evidências acerca da hipótese de conteúdo parecem adequadas. O modelo hexafatorial vem se mostrando eficaz para capturar o conjunto de valores mapeados pelas diversas versões do QVB. Portanto, mostram-se plausíveis as seis subfunções valorativas, que se apresentam como mais adequadas do que formas alternativas de organizá-las, isto é, unifatorial, bifatorial, trifatorial e, inclusive, pentafatorial.

5.1.2. Comprovação da hipótese de estrutura

Como foi descrito anteriormente, essa hipótese é comprovada por meio da representação espacial dos valores específicos, formando áreas que correspondem às subfunções valorativas, estruturadas em dois eixos: *tipo de orientação* e *tipo de motivador*. As primeiras análises a respeito foram eminentemente exploratórias, realizando escalonamento multidimensional (MDS Alscal). Na ocasião já se vislumbrava a estrutura correntemente descrita

EVIDÊNCIAS EMPÍRICAS DA TEORIA

(Gouveia, 1998), e pouco tempo depois o foco foi para as subfunções em si, tentando mostrar como elas se distribuíam espacialmente, avaliando se poderiam se diferenciar dos tipos motivacionais de Schwartz (Gouveia, 2003). Os anos mais recentes, entretanto, têm testemunhado um esforço por realizar MDS confirmatória (Proxscal), permitindo testar essa hipótese com mais eficácia e formalidade.

Gouveia, Santos *et al.* (2010) foram os primeiros a testar a estrutura das subfunções valorativas, utilizando o *QVB* em amostra de jovens estudantes. No caso, considerando o que estima a teoria, partiram dos seguintes parâmetros das subfunções na dimensão *tipo de orientação*: *experimentação* [1,0], *realização* [1,0], *existência* [0,0], *suprapessoal* [0,0], *interativa* [-1,0] e *normativa* [-1,0]; e no *tipo de motivador* foram como seguem: *experimentação* [0,5], *realização* [-0,5], *existência* [-1,0], *suprapessoal* [1,0], *interativa* [0,5] e *normativa* [-0,5]. Nesse sentido, cada valor foi forçado a ocupar uma posição específica no espaço, assumindo-se o nível ordinal de medida, permitindo *break ties* e admitindo a configuração inicial de Torgerson. O coeficiente Phi de Tucker foi tomado como medida de ajuste do modelo, aceitando-se valores de 0,90 ou superiores (van de Vijver & Leung, 1997). Na ocasião constataram um Phi de 0,96, que corroborou a adequação da estrutura das subfunções valorativas, organizadas claramente nos eixos correspondentes. Esses parâmetros passaram a ser referência nos demais estudos.

Gouveia, Milfont *et al.* (2011), empregando a versão infantil do QVB e admitindo os parâmetros fixados por Gouveia, Santos *et al.* (2010) puderam observar uma estrutura adequada das subfunções (Phi = 0,93), representando claramente as duas dimensões funcionais, mesmo considerando amostra de pré-adolescentes e tratando com um instrumento diferente. Resultados muito similares foram observados por Lima (2012) com o QVB para adultos, cuja amostra foi predominantemente de estudantes universitários. O autor ainda inovou, testando a estrutura com diferentes escalas de mensuração (ordinal, intervalar e razão) e métodos (Simples, Torgerson e Random), observando resultados praticamente invariáveis (0,94 < Phi < 0,99). Portanto, pareceu bastante evidente a estrutura teorizada.

No estudo de Medeiros (2011) também foi testada a *hipótese de estrutura*, seguindo os parâmetros inicialmente fixados. O autor fez uma MDS confirmatória para os dados de cada região do Brasil ($n > 2.000$), observando resultados consistentes, com o indicador de ajuste (Phi de Tucker) invariavelmente em 0,94. Na Figura 11 é apresentada a configuração espacial dos valores correspondente à região Centro-Oeste. Como é possível notar, consistentemente, os valores materialistas se situam na parte inferior da imagem, e acima estão aqueles denominados humanitários (*tipo de motivador*). Os valores centrais se encontram no meio da distribuição, estando de um e outro lado os valores sociais e pessoais (*tipo de orientação*).

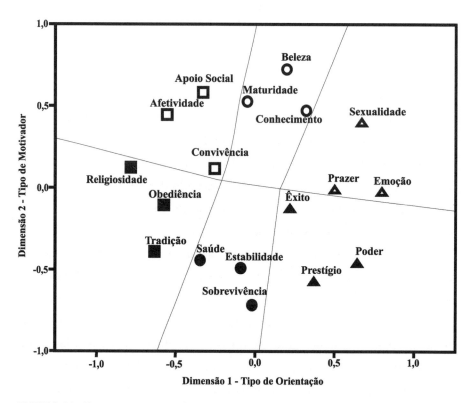

FIGURA 11. Representação espacial dos valores na região Centro-Oeste.

Como indicado anteriormente, esse mesmo autor também considerou uma amostra independente de doze países. Seus resultados foram na mesma direção daqueles previamente descritos, isto é, o Phi ficou em 0,94, com exceção do Brasil que foi 0,93, favorecendo identificar facilmente a estrutura teorizada dos valores. Portanto, a dimensão *tipo de motivador* se organiza na vertical (valores materialistas e humanitários), e na horizontal fica o *tipo de orientação* (valores pessoais, centrais e sociais). Para exemplificar, segue a configuração observada na Argentina.

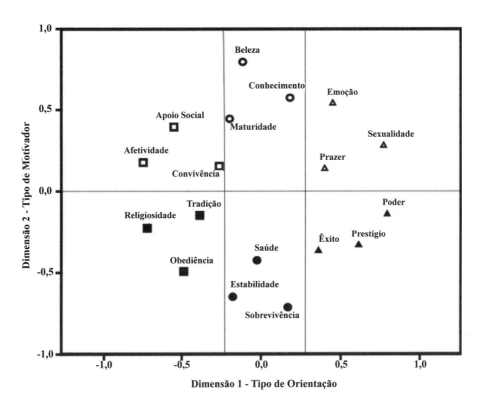

FIGURA 12. Representação espacial dos valores na Argentina.

Os estudos de Gouveia (2012) resumem duas décadas de pesquisas com a *teoria funcionalista dos valores*. Na oportunidade, este autor testou a *hipótese de estrutura* contando com quase 60 mil participantes, predominantemente do Brasil, mas também de vinte países. Seguiram-se os mesmos parâmetros detalhados por Gouveia, Santos *et al.* (2010), observando nesse país uma estrutura condizente com o teoricamente proposto, situando os valores materialistas na parte inferior da configuração bidimensional, estando acima os humanitários. Os valores sociais aparecem à esquerda e os pessoais à direita, separados por aqueles denominados como centrais (Phi de Tucker = 0,94). É possível apreender esses resultados na Figura 13, a seguir:

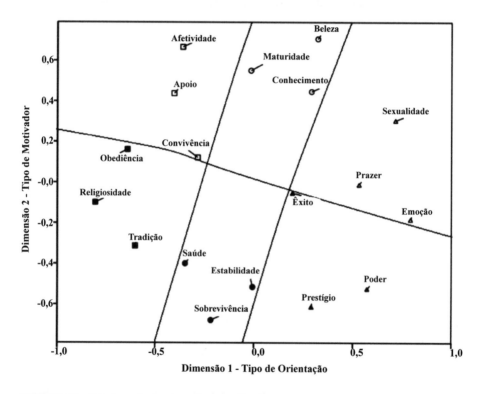

FIGURA 13. Estrutura *duplex* dos valores no Brasil.

Com relação à configuração dos países, Gouveia (2012) também observou um indicador de ajuste satisfatório (Phi de Tucker = 0,94), cujos valores estão representados na Figura 14. Entretanto, é necessário registrar dois desvios, assinalados com círculos: o valor *tradição*, que, esperava-se, deveria aparecer mais próximo dos *materialistas*, ficou em região caracterizada como expressando valores *humanitários*; e o valor *afetividade*, que deveria ocupar a região correspondente aos valores *sociais*, apareceu entre os *centrais*. Em geral, essas flutuações se situam abaixo de 10% e correspondem, precisamente, a 5,5%, se for considerada a classificação do valor em razão do *tipo de orientação* e o *tipo de motivador*. Portanto, parece plausível admitir a estrutura teorizada das subfunções valorativas.

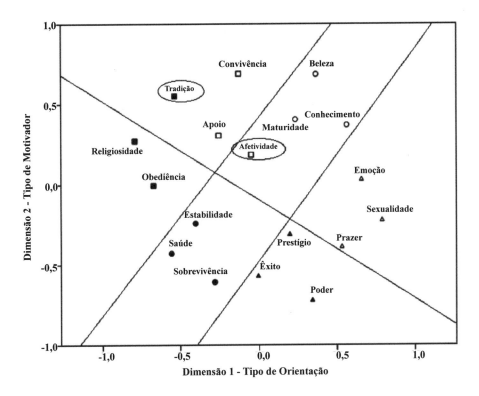

FIGURA 14. Estrutura *duplex* dos valores em vinte países.

Em resumo, tanto no Brasil como em outros países do mundo percebe-se que a estrutura dos valores, segundo a teoria funcionalista, reproduz claramente a configuração proposta. Desse modo, os valores podem ser representados em um espaço bidimensional, com as dimensões *tipo de motivador* e *tipo de orientação* estruturando as seis subfunções valorativas e seus correspondentes valores específicos.

5.2. EVIDÊNCIAS SOBRE CONGRUÊNCIA E COMPATIBILIDADE DOS VALORES

Diferentemente das hipóteses anteriores, que reúnem uma soma expressiva de achados sistemáticos que as corroboram, estas ainda exigem estudos adicionais. Há evidências múltiplas, mas raramente com o fim explícito de pô-las à prova. Porém, o que se sabe até agora parece reforçar sua pertinência. A seguir, a intenção é descrever os resultados que têm sido disponibilizados, tratando separadamente *congruência* e *competência*, embora, como se reconheceu anteriormente, na prática, sejam hipóteses intimamente relacionadas.

5.2.1. Comprovação da hipótese de congruência

Gouveia (1998, 2001, 2003) indica que não há razão para esperar conflito entre os valores, exceto em contextos ou fases concretas da vida. Uma criança e um idoso terão estruturas valorativas muito parecidas, sugerindo uma proximidade do conjunto de valores. Isso é assim, entretanto, por razões diversas. No primeiro caso, provavelmente a criança ainda não aprendeu a diferenciar os valores, considerando todos igualmente importantes. No segundo, o idoso aprendeu a importância de cada valor, integrando-os em seu sistema valorativo. Porém, é possível que na adolescência as pessoas vivenciem as maiores incongruências axiológicas, momento em que apresentem a construção de sua identidade, debatendo-se entre seguir princípios que o integrem a seu grupo convencional (valores sociais) ou assumir aqueles que as tornem mais independentes, focadas em seus próprios interesses (valores pessoais). Contudo, via de regra, essas incongruências são pensadas mais como uma exceção, resultado de uma vivência específica, podendo igualmente ser produzidas por eventos estressantes, enfermidades ou transtornos.

Mesmo que não tenham a intenção de testar esta hipótese, alguns autores favorecem uma visão geral que corrobora seus fundamentos. Por exemplo, Gouveia, Santos *et al.* (2010), em contexto espanhol, observaram correlações positivas entre as seis subfunções valorativas ($0,18 \leq r \leq 0,59$, $p < 0,01$). A única exceção foi entre *experimentação* e *normativa* ($r = 0,06$, $p > 0,05$). Nessa mesma direção, Souza (2012), em amostra com 231 estudantes universitários pessoenses (idade média de 20 anos, 61,9% do sexo feminino), utilizando o QVB-D, observou que as correlações entre as subfunções foram predominantemente positivas e significativas ($0,22 \leq r \leq 0,61$, $p < 0,01$); a exceção foi entre *experimentação* e *normativa*, que não foi significativa ($r = -0,04$, $p > 0,05$).

Medeiros (2011), em seu estudo nas cinco regiões do Brasil, observou que as correlações entre as subfunções valorativas foram todas positivas, sendo sempre mais fracas entre *experimentação* e *normativa*. Esse mesmo achado foi verificado em sete (Espanha, Filipinas, Honduras, Inglaterra, Israel, México e Peru) dos doze países em que realizou sua pesquisa – as exceções foram as amostras de Alemanha, Argentina, Brasil, Colômbia e Nova Zelândia. Considerando pessoas de 18 a 90 anos ($m = 25,1$) do contexto paraibano, Lima (2012) constatou apenas correlações positivas entre os valores, sendo mais fraca para as subfunções *experimentação* e *normativa*.

Do que foi descrito anteriormente depreende-se que, comumente, os valores estão positivamente correlacionados uns com os outros, embora não com a mesma magnitude. Alguns valores, sobretudo os que cumprem os mesmos tipos de orientação, estão relacionados entre si mais intensamente, enquanto outros, que divergem em tipo de orientação e tipo de motivador, são menos prováveis se correlacionar. Contudo, formalmente ainda são escassos os estudos que comprovam esses aspectos mais específicos da *hipótese de congruência*. A propósito, os achados de Gouveia (2012) podem ser esclarecedores.

Gouveia (2012) testou formalmente essa hipótese no Brasil e em amostras específicas de vinte países, avaliando três aspectos: (1) as subfunções podem ser classificadas em diferentes graus de congruência (baixa, moderada e alta), (2) as correlações entre as subfunções são predominantemente positivas e (3) elas tenderão a ser mais fortes se as pessoas forem mais maduras (critério de idade cronológica). No contexto brasileiro, confirmaram-se os graus de congruência: baixa [*normativa* e *experimentação* ($r = 0,01$) e *interativa* e *realização* ($r = 0,24$), $r_{médio} = 0,13$], moderada [*interativa* e *experimentação* ($r = 0,19$) e *normativa* e *realização* ($r = 0,20$), $r_{médio} = 0,20$] e alta [*realização* e *experimentação* ($r = 0,38$) e *normativa* e *interativa* ($r = 0,42$), $r_{médio} = 0,40$], $t (47.297) =$

16,31, $p < 0,001$. Destaca-se também que todas as correlações foram positivas e, finalmente, foi mais forte segundo o estágio de desenvolvimento: *adolescente* (12 a 18 anos; $r = 0,29$), *adulto jovem* (19 a 34 anos; $r = 0,30$) e *adulto maduro* (35 a 65 anos; $r = 0,34$) [χ^2 (3) = 22,79, $p < 0,001$]. Achados similares foram observados na amostra internacional, confirmando os graus de congruência: baixa [*interativa-realização* ($r = 0,26$) e *normativa-experimentação* ($r = 0,01$); $r_{médio} = 0,14$], moderada [*normativa-realização* ($r = 0,22$) e *interativa-experimentação* ($r = 0,28$); $r_{médio} = 0,25$] e alta [*realização-experimentação* ($r = 0,48$) e *interativa-normativa* ($r = 0,44$); $r_{médio} = 0,46$], t (1.027) = 3,50, $p < 0,001$.

Em resumo, embora Schwartz (1992, 2005) fale em conflito de valores, parece mais pertinente pensar em graus de congruência de subfunções valorativas, como ficou evidenciado. Os valores são princípios que se integram e orientam a vida das pessoas, sendo todos positivos, e estando mais fortemente associados enquanto o indivíduo se torna mais maduro. Na maioridade, afinal, confia-se que ele tenha uma visão mais global da vida, caracterizando-se pela ênfase em valores mais inclusivos, como, por exemplo, aqueles da subfunção *suprapessoal* (Vione, 2012).

5.2.2. Comprovação da hipótese de compatibilidade

É hora de reunir evidências sobre a *hipótese de compatibilidade* dos valores. Diferentemente do conceito anterior, este não se refere ao padrão interno de congruência do sistema de valores das pessoas, mas como suas prioridades valorativas se associam a variáveis externas. A propósito, já existem dezenas de pesquisas com a *teoria funcionalista dos valores* que podem ser tomadas para demostrar esse aspecto (Gouveia, Milfont *et al.*, 2008, 2009). Contudo, muitos dos achados não foram propositadamente organizados para testar essa hipótese, requerendo resgatá-los para oferecer alguma coerência e interpretação plausível.

Guerra (2009) procurou conhecer como as subfunções valorativas se correlacionavam com códigos morais (*comunidade, autonomia* e *divindade*), levando em conta uma amostra de 142 estudantes universitários britânicos (idade média de 20,3 anos, 62% do sexo feminino). Como esperado, valores que cumprem as mesmas subfunções tendem a se correlacionar de forma parecida, porém não idêntica, com variáveis externas. Concretamente, as pontuações em *comunidade* foram mais correlacionadas com valores sociais [*interativa* ($r = 0,40$) e *normativa* ($r = 0,33$), $p < 0,01$ para ambas] do que valores pessoais [*realização* ($r = 0,24$) e *experimentação* ($r = 0,21$), $p < 0,01$ para ambas]; contrariamente, as pontuações em *autonomia* apresentaram correlações mais fortes com valores pessoais [*experimentação* ($r = 0,36$, $p < 0,01$) e *realização* ($r = 0,20$, $p < 0,05$)] do que valores sociais [*normativa* ($r = -0,19$, $p < 0,05$) e *interativa* ($r = 0,11$, $p > 0,05$)]. Porém, no caso da dimensão *divindade*, que envolve um elemento claramente convencional, seu padrão de correlação foi nítido em opor valores de subfunções com baixa congruência: *normativa* ($r = 0,72$, $p < 0,01$) e *experimentação* ($r = -0,20$, $p < 0,05$).

Guerra, Gouveia, Sousa, Lima e Freires (2012) realizaram dois estudos para conhecer os correlatos valorativos do liberalismo-conservadorismo sexual. No Estudo 1 participaram 353 estudantes universitários pessoenses (idade média de 20,1 anos, 52,1% do sexo feminino), que responderam o QVB e uma medida de atitudes sexuais. Por exemplo, quanto às pontuações em atitudes favoráveis frente ao sexo pré-marital, coerentemente as mulheres que pontuaram mais forte em valores pessoais tenderam a endossá-las [*experimentação* ($r = 0,16$) e *realização* ($r = 0,17$), $p < 0,05$ para ambas], enquanto aquelas que se pautaram em valores sociais se recusaram a ser favoráveis a essa prática [*normativa* ($r = -0,19$, $p < 0,01$) e *interativa* ($r = -0,11$, $p < 0,10$)]. Foi observado um padrão similar para os homens, mesmo quando as atitudes não eram dirigidas aos próprios indivíduos, mas aos demais.

No Estudo 2, realizado com 269 estudantes universitários de João Pessoa (PB) (idade média de 20,3 anos, 52% mulheres), foi confirmada a importância dos valores com mais baixa congruência para explicar atitudes frente ao sexo pré-marital, ou seja, a subfunção *experimentação* (b = 0,39, $p < 0,001$) aumentou a favorabilidade dessas atitudes, enquanto que a *normativa* a reduziu (b = -0,25, $p < 0,001$).

No estudo de Lima (2012) as pontuações nas seis subfunções valorativas foram correlacionadas com indicadores comportamentais elaborados a partir do modelo de Gouveia (2003), por exemplo. Nesse caso, as pontuações em comportamentos autorrelatados normativos foram correlacionadas mais fortemente com aquelas das subfunções *interativa* ($r = 0,31$, $p < 0,001$) e, principalmente, *normativa* ($r = 0,62$, $p < 0,001$). Suas correlações foram mais fracas ou, inclusive, inversas com valores pessoais [*experimentação* ($r = -0,22$) e *realização* ($r = -0,19$), $p < 0,001$ para ambas]. Por outro lado, tratando-se de comportamentos autorrelatados de experimentação (busca de sensação, aventura), mostraram-se diretamente correlacionados com as subfunções *realização* ($r = 0,12$, $p < 0,05$) e, mais fortemente, *experimentação* ($r = 0,60$, $p < 0,001$). Contrariamente, correlacionaram-se de forma inversa com valores das subfunções sociais [*normativa* ($r = -0,25$, $p < 0,01$) e *interativa* ($r = -0,05$, $p > 0,05$)].

O maior conjunto de evidências sobre a *hipótese de compatibilidade* foi proporcionado por Gouveia (2012), que realizou dois estudos correlacionando as subfunções valorativas com indicadores de crenças na justiça. No Estudo 1 foram consideradas 1.030 pessoas (idade média de 25,1 anos, 63,7% do sexo feminino) que responderam questionários impressos [Vitória (ES) e Parnaíba (PI)] e *on-line* (João Pessoa, PB). Observou-se, por exemplo, que a *crença pessoal no mundo justo* se correlacionou diretamente com as pontuações em valores de orientação social [*interativa* ($r = 0,17$) e *normativa* ($r = 0,16$), $p < 0,001$ para ambas], porém o fizeram escassamente com aquelas de orientação pessoal [*experimentação* ($r = -0,01$) e *realização* ($r = 0,02$), $p > 0,05$ para ambas].

No Estudo 2 este autor contou com 1.724 pessoas (idade média de 23,3 anos, 52,3% do sexo feminino) de cinco países (Argentina, Colômbia, Honduras, México e Peru). Nesse caso, constatou-se que as pontuações em *sensibilidade à justiça* se correlacionaram diretamente com aquelas nas subfunções que cumprem orientação social [*normativa* ($r = 0,17$) e *interativa* ($r = 0,15$), $p < 0,001$ para ambas], porém, foi inversa para aquelas cuja orientação era pessoal [*experimentação* ($r = -0,10$, $p < 0,001$) e *realização* ($r = 0,05$, $p < 0,05$)].

Um padrão de correlação similar foi também observado com relação à variável *centralidade da justiça*.

Em resumo, parece clara a adequação da *teoria funcionalista dos valores* quanto às hipóteses de congruência e compatibilidade. Os achados não se restringem a um grupo ou cultura específica; são consideradas milhares de pessoas no Brasil e em diferentes partes do mundo e com variados papéis sociais (estudantes universitários, profissionais liberais, políticos, religiosos). Dessa forma, parece plausível afirmar que trata-se de uma teoria que pode ser empregada satisfatoriamente para conhecer, descrever e explicar os valores das pessoas, considerando múltiplas variáveis externas além das referidas, como comportamentos socialmente desviantes (Pimentel, 2004; Santos, 2008), escolha do parceiro ideal (Gomes, 2009; Gonçalves, 2012) e comportamento pró-ambiental (Coelho, 2009; Pessoa, 2011).

6 AVANÇOS, APLICAÇÕES E DIREÇÕES FUTURAS

Este livro compreende um esforço amplo em duas direções: (1) consolidar a fundamentação teórica, definindo os pressupostos e as bases (motivacional, neurobiológica e genética) dos valores; e (2) reunir evidências acerca da adequação da *teoria funcionalista dos valores humanos* (Gouveia, 1998, 2003; Gouveia *et al.*, 2008). Portanto, reconhece-se a audácia do empreendimento, assumindo a superficialidade em alguns pontos ou a falta de contundência em outros, focando aspectos específicos e provas empíricas restritas. Mesmo assim, é inegável o empenho em consolidar a teoria proposta, que nasceu ainda em meados dos anos 1990.

As pesquisas desenvolvidas até então contam com dados de mais de 50 mil pessoas residentes no Brasil e sete mil provenientes de mais de vinte países, cobrindo os cinco continentes. Possivelmente, esse é o maior projeto ou programa de pesquisa, em sentido lakatiano (Lakatos, 1978), realizado em contexto brasileiro para testar uma teoria em psicologia social, ao menos no que diz respeito ao número e à diversidade de participantes. Têm sido considerados não apenas estudantes (de ensino médio ou universitário) de classes média e alta, educados ou de países desenvolvidos, como é comum em ciências humanas e sociais (Henrich *et al.*, 2010). Participaram dos diversos estudos pessoas de oito a noventa anos, estudantes, trabalhadoras, pacientes terminais, profissionais liberais (advogadas, músicas, médicas, psicólogas), políticas, presidiárias, juízas, prostitutas, religiosas, policiais etc.

Não se pode pensar, contudo, que não há mais o que fazer. É preciso reconhecer, por exemplo, a fragilidade da medição dos valores. *Medição*, e não medida, pois a consistência interna limítrofe não parece ser uma limitação específica do QVB, uma vez que outros instrumentos de autorrelato apresentam dificuldades similares, como o Schwartz Values Survey (Del Junco, Medina, & Dutschke, 2010; Schwartz, 2005) e o Portrait Values Questionnaire (Knoppen & Saris, 2009; Ungerer & Joubert, 2011). Essa situação não justifica a acomodação, mas demanda soluções e, de fato, acaba de ser elaborado um novo instrumento baseado na *teoria funcionalista dos valores*, trabalhando com parcelas de itens e voltado para o contexto prático da avaliação psicológica (Souza, 2012), e dois outros estão em desenvolvimento – um, a partir de medida implícita, e outro, de autorrelato, mas focado no contexto laboral.

Nesse momento, a intenção é resumir os fundamentos principais da teoria, considerando suas hipóteses de conteúdo, estrutura, congruência e compatibilidade, descrevendo o estado da arte e os produtos obtidos com a teoria e suas aplicações potenciais. Por fim, será oferecida uma agenda ou um programa de pesquisa que pode orientar os interessados em contribuir com a teoria.

6.1. CONSOLIDAÇÃO DOS FUNDAMENTOS PRINCIPAIS

6.1.1. Hipótese de conteúdo

A teoria em questão se pauta em duas dimensões funcionais dos valores: *tipo de orientação* (social, central e pessoal) e *tipo de motivador* (materialista e idealista). Cruzando-as, surgem seis subfunções valorativas, cada uma representada por três marcadores ou valores específicos (Gouveia *et al.*, 2008): *experimentação* (emoção, prazer e sexualidade), *realização* (êxito, poder e prestígio), *existência* (estabilidade pessoal, saúde e sobrevivência), *suprapessoal* (beleza, conhecimento e maturidade), *interativa* (afetividade, apoio social e convivência) e *normativa* (obediência, religiosidade e tradição). Essa estrutura hexafatorial já foi comprovada em cerca de 60 mil participantes, provenientes não apenas do Brasil.

Testar um modelo isolado buscando contrastar seus indicadores de ajuste com aqueles recomendados na literatura é meritório. Contudo, a preocupação não deve se limitar a este empreendimento; é preciso descartar também explicações alternativas para a composição fatorial do universo de valores. Nessa direção, o modelo hexafatorial tem sido comparado com diferentes alternativas: unifatorial, admitindo a possibilidade de os valores saturarem em um único fator em razão de sua inerente desejabilidade social (Schwartz *et al.*, 1997); bifatorial (tipo de motivador), com a possibilidade de se pensar na tipologia de valores materialistas e pós-materialistas (Inglehart, 1991); trifatorial (tipo de orientação), assumindo que é possível classificar os valores como representando as orientações social (coletivista), central (mista) e pessoal (individualista) (Schwartz, 1992; Schwartz & Bilsky, 1990); e, finalmente, a pentafatorial, avaliando a possibilidade de reunir em um mesmo fator as subfunções *existência* e *suprapessoal*, que representam o eixo central a partir do qual os demais valores se estruturam.

Reuniram-se evidências consistentes de que o modelo hexafatorial apresenta os melhores indicadores de ajuste, sendo estatisticamente superior aos alternativos testados. Assim se confirma a *hipótese de conteúdo*. Desse modo, indica-se que o universo de valores humanos pode ser abarcado pelas seis subfunções citadas. A propósito, o estudo de Gouveia (2003) já visualizava essa possibilidade, mostrando que seu modelo permitia explicar o universo dos tipos motivacionais de Schwartz (1992). Concretamente, tal autor mostrou que os tipos motivacionais *poder* e *realização* poderiam ser representados pela subfunção *realização*; *estimulação* e *hedonismo* corresponderiam à *experimentação*; *conformidade* e *tradição* seriam aspectos da subfunção *normativa*; o tipo motivacional *benevolência* poderia ser representado por valores da subfunção *interativa*; e o *universalismo*, embora sendo uma categoria muito difusa e imprecisa, encontraria respaldo em *suprapessoal*. Os dois maiores problemas foram *segurança* e *autodireção*: o primeiro tipo motivacional se relacionou com as subfunções *normativa* e *existência*, talvez por reunir múltiplas ideias, e o segundo não parece ser um valor, mas um traço de personalidade (Roccas *et al.*, 2002).

Por fim, o modelo de Schwartz (1992, 2005), talvez por não contar com um marco teórico que o suporte ou com uma concepção delimitada da natureza humana (Gouveia, Fonsêca *et al.*, 2010; Molpeceres, 1994) – erguendo-se a partir das aportações de Rokeach (1973) e, sobretudo, de sua medida, reconhecida por este autor como tendo sido elaborada intuitivamente –, deixa de contemplar dimensões essenciais dos valores, como a subfunção *existência*. Por outro lado, o autor superestima outras dimensões que parecem sobrepor conteúdos, como as de *tradição* e *conformidade*. De fato, estudos recentes têm descrito uma estrutura mais parcimoniosa para seu modelo, aproximando-se daquela proposta pela *teoria funcionalista dos valores* (Hinz *et al.*, 2005; Perrinjaquet *et al.*, 2007). Não obstante, em direção oposta, o autor insiste em contemplar mais tipos motivacionais, aproximando-se atualmente de duas dezenas (Schwartz *et al.*, 2012), talvez buscando responder críticas que vêm sendo feitas a seu modelo, como a que sugere não cobrir dimensões essenciais, a exemplo de *existência* (Gouveia, 1998, 2003).

6.1.2. Hipótese de estrutura

Rokeach (1973) propôs uma estrutura para os valores pautada em quatro tipos principais: *pessoais, sociais, morais* e de *competência*. Porém, não houve tentativas formais de testá-la. Como alternativa, o autor sugeriu um modelo de ideologia política que levou em conta apenas dois valores: *igualdade* e *liberdade*, servindo como referência analítica, mas sem operacionalizá-lo por meio de unidades comportamentais (itens) ou pô-lo à prova. Outros autores também trataram de avaliar a estrutura dos valores, como Braithwaite e Law (1985) e Bond (1988). Porém, a concepção que eles têm de *estrutura* se limita ao que hoje se concebe como *conteúdo*, ou seja, que valores específicos conformam cada fator, como tratado anteriormente. A propósito, uma inovação evidente foi providenciada por Schwartz e Bilsky (1987, 1990), que entenderam estrutura em termos de como se relacionam os tipos motivacionais de valores, propondo uma relação dinâmica entre eles, que se organizariam ao longo de um círculo (Schwartz, 2005).

A concepção de um círculo sugere pensar seu desdobramento em termos de uma curva sinusoidal, que evidencia compatibilidades e conflitos entre os tipos motivacionais de valores. Contudo, a Teoria Funcionalista não admite estas (in)compatibilidades, mas uma estrutura em que as subfunções se organizam em termos de congruência, levando em conta sua relação com as duas funções principais dos valores: *tipo de orientação* e *tipo de motivador*. A propósito, ao escolher uma figura para representar essas relações, pareceu mais adequado um hexágono (Gouveia *et al.*, 2008), sugerindo que podem existir subfunções que se relacionam mais fortemente, estando em áreas adjacentes, assim como outras que são relativamente independentes, ocupando espaços mais afastados, porém não necessariamente contrários.

A comprovação da *hipótese de estrutura* dos valores, coerente com a teoria tratada, destaca duas dimensões principais ou eixos funcionais a partir dos quais os valores se organizam. Nesse sentido, produz-se uma configuração *duplex* com duas facetas axiais (Bilsky, 2003; Shye & Elizur, 1994): *tipo de orientação* (social, central e pessoal) e *tipo de motivador* (materialista e idealista). Nesse caso, esperava-se que os valores centrais se fixassem no centro do espaço bidimensional, e, de cada lado, separados pelos centrais, estariam os valores pessoais e sociais; e os valores materialistas e idealistas ocupariam espaços distintos nessa configuração. Os resultados que têm sido reportados foram, no geral, bastante consistentes (Gouveia, Milfont *et al.*, 2011; Gouveia, Santos *et al.*, 2010; Medeiros, 2011; Medeiros et al., 2012). As variações, próximas a 10% ou menos, podem expressar flutuações amostrais e erros de medida. Portanto, algo que poderia ser esperado e costuma ser admitido (Schwartz & Sagiv, 1995), dando suporte a essa hipótese.

6.1.3. Hipótese de congruência

Como indicado anteriormente, na *teoria funcionalista dos valores* não se admite incompatibilidade interna ao sistema de valores que uma pessoa apresenta. Se isso ocorresse, refletiria alguém em uma crise extraordinária, apresentando baixa saúde física e/ou mental (Gouveia, Fonsêca *et al.*, 2011). Tomando como pressuposto a natureza humana benevolente, apenas valores positivos são admitidos e se espera que o homem maduro e autorrealizado, em sentido maslowniano (Maslow, 1954), apresente um padrão maximamente congruente de valores. Essa conjetura encontra respaldo no capítulo anterior, quando as correlações médias entre as subfunções foram descritas como sendo maiores para pessoas mais maduras. No entanto, serão necessários estudos futuros no sentido de comprovar a extensão dessa conjetura. Talvez seja interessante, por exemplo, comparar os sistemas de valores de pessoas com e sem depressão, aquelas que apresentam sentido de vida com as que se caracterizam por um vazio existencial ou considerar alguma medida específica de autorrealização, comparando pessoas com pontuações baixas e altas.

A hipótese de congruência parte da concepção de que a inter-relação das subfunções valorativas varia em grau, expressando diferentes níveis de congruência, de acordo com as funções a que se referem cada subfunção. Concretamente, estima-se que subfunções que representam o mesmo *tipo de orientação* são maximamente congruentes. As que expressam o mesmo *tipo de motivador* são moderadamente congruentes; e, finalmente, as que não compartilham essas duas dimensões funcionais apresentam congruência baixa. Essa hipótese foi corroborada no Brasil e países da América Latina. Acrescenta-se que as correlações entre as subfunções foram predominantemente positivas; e quando foram negativas, ocorreram apenas entre *experimentação* e *normativa*, sendo as mais baixas, tornando-se positivas em fases mais avançadas de desenvolvimento, por exemplo, adulto jovem e, principalmente, adulto maduro.

É importante ressaltar que contar com valores positivos não implica, necessariamente, a existência de pessoas boas apenas. Além de os valores serem só um dos construtos que podem ser usados na explicação de atitudes e comportamentos, como se procurou indicar no Capítulo 4, existem centenas de combinações possíveis entre as seis subfunções, resultando em tipos variados de pessoas, não somente as boas, social e mentalmente ajustadas. Por exemplo, alguém que priorize o prazer (*experimentação*) e a riqueza (*realização*) acima de qualquer coisa, independente de suas relações interpessoais (*interativa*), padrões e exigências sociais (*normativa*), poderá romper normas sociais, apresentar comportamentos de risco ou cometer atos delitivos (Pimentel, 2004; Santos, 2008).

Por fim, o conceito de *congruência* tem potencial também para compreender conflitos intra e interpessoais. No primeiro caso, provavelmente será preocupante uma pessoa que apresenta baixa congruência entre valores que cumprem orientação pessoal ou social, por exemplo, haja vista que elas representam as principais unidades de sobrevivência (Gouveia, Andrade *et al.*, 2003; Mueller & Wornhoff, 1990). No segundo, a congruência também pode ser pensada em termos do ajuste do indivíduo a padrões culturais consolidados. De outra maneira, em culturas individualistas, como a dos Estados Unidos, por exemplo, espera-se que haja uma adesão forte aos valores pessoais, sobretudo os materialistas (Hofstede, 1984; Triandis, 1995). Assim, alguém que priorize valores de *realização*, porém também aqueles da subfunção *interativa*, pode enfrentar dificuldades de se ajustar a esse tipo de cultura.

6.1.4. Hipótese de compatibilidade

Não há dúvida de que Schwartz (1992, 1994, 2005) trouxe uma importante contribuição ao pensar os valores como uma variável composta – os tipos motivacionais de valores, reunindo múltiplos indicadores – e relacioná-los com variáveis externas. Porém, não conseguiu diferenciar *congruência* (consistência interna do sistema de valores do indivíduo) e *compatibilidade* (capacidade de discriminação ou relação dos valores com outras variáveis). A *hipótese de compatibilidade* indica que, com relação a variáveis externas, os valores podem ser incompatíveis entre si, sobretudo aqueles que expressam menor congruência. Colocando de outro modo, espera-se que as subfunções valorativas que apresentam máxima congruência revelem padrões de correlações similares com alguma variável-critério, o que será menos evidente para as subfunções com menor nível de congruência.

Essa hipótese tem sido previamente corroborada (Capítulo 5), considerando tanto amostras do Brasil como de países da América Latina. Na oportunidade, foram levados em conta construtos referentes a crenças na justiça, como *crença geral no mundo justo, crença pessoal no mundo justo, centralidade da justiça* e *sensibilidade à justiça* (Dalbert, 2009). É improvável que os resultados que corroboraram essa hipótese se deveram ao acaso, não apenas em razão dos níveis de significância observados, mas, sobretudo, da consistência dos achados, independentemente de considerar amostras nacionais ou internacionais. Coerente com a literatura, pessoas que priorizam valores que focam a manutenção do *status quo*, como aqueles *normativos*, manifestaram crença de que o mundo é justo, cada um tendo aquilo que merece, devendo ser obediente e se acomodar a situação corrente (Feather, 1991; Wolfradt & Dalbert, 2003). Tais pessoas indicaram ser mais afetadas pela justiça que as demais, primando pela reparação das injustiças e se resignando com privilégios indevidos recebidos por elas mesmas ou por outras pessoas.

Em resumo, este livro representa o empenho de consolidar o embasamento da *teoria funcionalista dos valores*, oferecendo ainda evidências que reforçam sua adequação intra e interculturalmente. Mesmo sendo uma teoria mais parcimoniosa que suas correlatas (Inglehart, 1991; Rokeach, 1973; Schwartz, 1992), não representa uma alternativa contrária, mas uma contribuição para pensar os valores como construtos motivacionais (Gouveia, 2003). Demonstra a adequação de suas hipóteses de *conteúdo* e *estrutura*, inovando também em diferenciar e mostrar dados concretos sobre aquelas de *congruência* e *compatibilidade*, que podem favorecer a compreensão da relação dos valores com outros construtos. Nesse sentido, esta teoria é promissora, com potencial para se destacar entre os estudos que consideram os valores humanos a partir de uma abordagem que não se restringe ao estrito empirismo, mas que busca fundamentação em processos mais psicológicos e biológicos (evolucionista, genético e neurológico).

Neste ponto, é preciso expor o que tem sido feito e produzido ao longo da última década no que se refere à *teoria funcionalista dos valores*. Portanto, em certa medida, esse aspecto se confunde com minha trajetória como pesquisador e coordenador do núcleo de pesquisa Bases Normativas do Comportamento Social, que não se encerra nesta oportunidade. Dessa forma, será apresentado seguir o estado da arte, ressaltando concretamente os produtos alcançados com a teoria, que fundamentou a formação de diversos mestres e

AVANÇOS, APLICAÇÕES E DIREÇÕES FUTURAS

doutores, tanto no Brasil como em outros países, e a proposta de instrumentos novos para medir os valores.

6.2. ESTADO DA ARTE E PRODUTOS

Se forem tomadas como referência as primeiras dissertações defendidas com base nessa teoria (Andrade, 2001; Maia, 2000; Milfont, 2001; Schneider, 2001), percebe-se que ela acabou de completar a primeira década. Desde então, foram 29 dissertações de mestrado e treze teses de doutorado, quer defendidas por membros do núcleo de pesquisa ou por pessoas de outros programas, tanto no Brasil (Universidade de Brasília, Universidade Federal de Pernambuco, Universidade Federal do Pará, Universidade Federal do Rio Grande do Norte, Universidade Federal de Santa Maria, Universidade Federal do Amazonas e Universidade Federal do Espírito Santo) como no exterior [Universidad de Córdoba (Espanha), University of Kent (Inglaterra) e Victoria University of Wellington (Nova Zelândia)]. Como se pode observar na Tabela 3, investiu-se na construção de medida dos valores (Athayde, 2012; Souza, 2012), comparação da Teoria Funcionalista com o modelo proposto por Schwartz (Lima, 2012), comprovação dessa teoria (Medeiros, 2011) e investigação dos correlatos dos valores, avaliando sua adequação para explicar construtos tão diversos como sentido da vida (Aquino, 2009; Andrade, 2001), preferência musical (Böer, 2009; Pimentel, 2004), preocupação ambiental (Coelho, 2009; Pessoa, 2011), escolha do parceiro ideal (Gomes, 2009; Gonçalves, 2012), atitudes frente à mudança organizacional (Nascimento, 2012) e atitudes frente à tatuagem (Medeiros, 2007) ou *piercing* (Cavalcanti, 2009).

TABELA 5. Dissertações e teses em que a *teoria funcionalista dos valores* foi empregada.

Autor	Nível	Tema	Lugar
Araújo (2013)	M	Base genética dos valores	João Pessoa, PB
Aquino (2009)	D	Sentido da vida e suicídio	João Pessoa, PB
Andrade (2001)	M	Sentido da vida	João Pessoa, PB
Andrade (2003)	M	Desenhos animados e agressão	João Pessoa, PB

Autor	Nível	Tema	Lugar
Athayde (2012)	M	Medidas implícitas	João Pessoa, PB
Belo (2003)	M	Ciúme romântico e sexismo	João Pessoa, PB
Böer (2009)	D	Preferência musical e identidade cultural	Wellington, NZ
Cárdenas (2011)	M	Cooperação empresarial	Córdoba, ES
Cavalcante (2013)	M	Medida de valores organizacionais	Manaus, AM
Cavancanti (2009)	D	Atitudes frente ao piercing e intenção de usá-lo	João Pessoa, PB
Chaves (2003)	M	Bem-estar subjetivo	João Pessoa, PB
Chaves (2006)	M	Agressão e uso potencial de álcool	João Pessoa, PB
Chaves (2007)	D	Bem-estar subjetivo em músicos e advogados	Natal, RN
Coelho (2009)	D	Preocupação ambiental, afetos e atitudes frente ao desperdício de água	João Pessoa, PB
Coelho Júnior (2001)	M	Uso potencial de drogas	João Pessoa, PB
Diniz (2009)	M	Altruísmo	João Pessoa, PB
Formiga (2002)	M	Comportamentos antissociais e delitivos	João Pessoa, PB
Freires (2013)	M	Preocupação masculina com aparência	João Pessoa, PB
Gomes (2009)	M	Escolha do parceiro ideal	João Pessoa, PB
Gonçalves (2012)	D	Escolha do parceiro ideal	João Pessoa, PB
Guerra (2009)	D	Moralidade e honra	Kent, UK
Gusmão (2009)	M	Interesses vocacionais	João Pessoa, PB
Lauer-Leite (2009)	D	Significado do dinheiro para crianças	Belém, PA
Lima (2012)	M	Comparação de modelos e explicação de comportamentos	João Pessoa, PB
Medeiros (2007)	M	Atitudes frente ao uso de tatuagem	João Pessoa, PB
Medeiros (2011)	D	Testagem da Teoria Funcionalista	João Pessoa, PB
Mendes (2010)	M	Consumo de serviços postais	João Pessoa, PB
Monteiro (2009)	D	Escolha alimentar infantil	Brasília, DF
Nascimento (2012)	D	Resistência à mudança	João Pessoa, PB
Pessoa (2011)	D	Atitudes frente a fontes renováveis de energia	João Pessoa, PB

Autor	Nível	Tema	Lugar
Pimentel (2004)	M	Preferência musical, identificação grupal e condutas de risco	João Pessoa, PB
Pronk (2010)	M	Imagem corporal	João Pessoa, PB
Ribas (2010)	M	Comprometimento organizacional	Santa Maria, RS
Santos (2007)	M	Atributos da sexualidade feminina	João Pessoa, PB
Santos (2008)	D	Comportamentos socialmente desviantes	João Pessoa, PB
Scarpati (2013)	M	Mitos do estupro e violência sexual	Vitória, ES
Schneider (2001)	M	Socialização valorativa parental	João Pessoa, PB
Soares (2013)	M	Socialização valorativa e bullying	João Pessoa, PB
Souza (2010)	M	Honra e homicídio	Recife, PE
Souza (2012)	M	Medida de valores com parcela de itens	João Pessoa, PB
Vasconcelos (2004)	M	Comportamentos antissociais e delitivos	João Pessoa, PB
Vione (2012)	M	Desenvolvimento e mudança nos valores	João Pessoa, PB

Nota: M = Mestrado, D = Doutorado.

Congruente com o volume de trabalhos desenvolvidos até então, muitas evidências já foram reunidas acerca da adequação dessa teoria (Ardila *et al.*, 2012; Gouveia, 2003; Gouveia, Santos *et al.*, 2010; Gouveia, Milfont *et al.*, 2011; Medeiros, 2011; Medeiros *et al.*, 2012), que têm apresentado achados consistentes, permitindo explicar dados obtidos com outros modelos e medidas. Por exemplo, mais de 50 mil pessoas em todo o Brasil já responderam ao QVB, favorecendo a exposição do panorama dos valores dos brasileiros, contribuindo com o legado deixado por Tamayo (1997). No exterior, o número é menor, mas não menos relevante; atualmente passam de 7 mil pessoas, distribuídas em quase duas dúzias de países, que falam sete idiomas (alemão, espanhol, francês, inglês, macedônio, norueguês e português). Colaboradores estrangeiros têm se incorporado ao projeto, e em breve estima-se que sejam mais de trinta países.

Hoje em dia, existem mais do que apresentações em congressos, dissertações, teses, capítulos de livros e artigos científicos publicados sobre uma teoria. Existe a teoria! Não se tratou de adaptar ideias de colegas, mas de construir um novo modelo, elaborado a partir das concepções principais sobre o tema, não apenas na psicologia (Gouveia, 1998). O caminho não foi fácil e a persistência de uma década dedicada ao mesmo tema parece ser a principal testemunha. Foi construído um modelo que, inclusive não sendo o mais conhecido (Maio, 2010), começa a ser reconhecido pelos pares, ganhando espaço no Brasil e em outros países. Quanto a este último aspecto, destacam-se os convites recentes de colegas para palestras sobre o modelo, como daqueles das seguintes instituições: Universidade Mackenzie, Universidade Federal do Rio Grande do Sul, Universidade Federal de Santa Catarina, Universidad Autónoma Metropolitana Iztapala (México) e Universidade do Minho (Portugal); também houve convite para apresentá-lo à diretoria do Programa das Nações Unidas para o Desenvolvimento (PNUD), ocasião em que se discutiam os valores humanos dos brasileiros.

A *teoria funcionalista dos valores* se constitui em um marco teórico de referência para pensar sobre os valores humanos a partir de uma perspectiva motivacional (Gouveia, 2003). Não se constitui em uma panaceia. Ao contrário, representa uma abordagem específica, que leva em conta que os valores são representações de necessidades humanas, ou seja, não são construídos em razão de demandas sócio-históricas e econômicas. Não se impõe, porém, um conjunto fixo de valores, mas admite-se que os valores específicos podem até se apresentar ou manifestar de formas diferentes nas diversas culturas. No entanto, sua estrutura é universal. Portanto, oferece-se com esta teoria uma plataforma a partir da qual analisar os valores de pessoas com independência de grupos ou culturas de pertença. A propósito, deve-se encarar o Questionário dos Valores Básicos como uma ferramenta, e não como uma mordaça. É possível que sejam elaboradas diferentes versões, levando em conta o grupo ou a finalidade a que se destina a medida de valores. Já existem, por exemplo, versões desse instrumento para crianças (Gouveia, Milfont *et al.*, 2011) e contexto diagnóstico (Souza, 2012). O que todas têm em comum? O modelo teórico que as fundamenta (Gouveia, 2003; Gouveia, Fonsêca *et al.*, 2011), admitindo duas funções principais dos valores (*tipo de orientação* e *tipo de motivador*) que dão origem a seis subfunções (*experimentação, realização, existên-*

cia, suprapessoal, interativa e *normativa*). Neste momento o leitor pode se perguntar: como posso utilizar esta teoria e a medida correspondente para compreender as temáticas que me interessam? A seguir serão oferecidas algumas pistas, porém, elas não esgotam as possibilidades.

6.3. APLICAÇÕES DO MODELO

A aplicação em psicologia é algo muito discutido. Sem pretender polemizar, vale ressaltar que o propósito da ciência é conhecer. Somente assim será possível entender a realidade, controlar alguns fenômenos e predizer outros; também se fundamentarão práticas que desejem partir de base sólida, evitando especulações e adivinhações (Varela, 1974). Nesse sentido, a presente teoria cumpre seu papel no momento em que permite conhecer algo mais acerca dos princípios axiológicos que guiam a vida das pessoas. A propósito, conta-se hoje com uma teoria parcimoniosa e axiomatizada, que não impõe uma medida para que funcione, mas oferece categorias de análises ou propriamente funções e subfunções dos valores, reunidas em estrutura organizativa que permite explicar atitudes, crenças e comportamentos humanos. Dessa forma, as possibilidades de aplicação derivadas desses conhecimentos são infinitas, dependendo da inventividade do pesquisador ou praticante.

Na última década têm sido reunidos achados que dão conta da eficácia da *teoria funcionalista dos valores*. Têm sido publicados, por exemplo, estudos que a empregaram para explicar múltiplos construtos, como bem-estar subjetivo (Fonsêca, Chaves & Gouveia, 2006), preconceito (Gouveia, Sousa Filho, Araújo, Guerra & Sousa, 2006; Martínez, Paterna & Gouveia, 2006), interesses vocacionais (Gouveia, Meira *et al.*, 2008), comprometimento organizacional (Gouveia *et al.*, 2009), atributos desejáveis de um parceiro ideal (Gouveia, Fonsêca, Gouveia *et al.*, 2010), atitudes frente à tatuagem (Gouveia, Medeiros, Mendes, Vione, & Athayde, 2010) e metas de realização e desempenho acadêmico (Gouveia, Sousa *et al.*, 2011).

Contudo, isso representa apenas uma amostra de suas aplicações possíveis, existindo pesquisas vigentes que buscam relacionar os valores com a percepção de morte digna, a escolha do lugar para morrer, a preferência por estratégias de comunicação de má notícia, as atitudes frente a diretivas antecipadas de vontade e as estratégias de resolução de conflitos éticos, a resistência organizacional, o *bullying* e a imagem corporal. A título de exemplo, apresentam-se a seguir achados obtidos sobre cinco temáticas da psicologia.

Relações interpessoais: essa teoria funcionalista se constitui como foco principal de diversos estudos nesse âmbito, considerando aspectos tão variados como relacionamentos amorosos, preconceito e altruísmo. Milfont (2001) procurou pesquisar se a intenção de constituir família poderia ser predita pela importância dada aos valores humanos, descobrindo que aqueles que priorizam valores da subfunção interativa são mais prováveis de demonstrar tal intenção. Belo (2003) desenvolveu um estudo cujo objetivo foi saber se o ciúme em um relacionamento heterossexual se correlacionaria com prioridades valorativas dos indivíduos, observando que, quanto mais pontuavam em valores normativos, mais as pessoas, independente do sexo, apresentavam ciúmes. O estudo de Gouveia, Souza Filho, Araújo, Guerra e Sousa (2006) objetivou verificar com que valores se correlacionariam as motivações interna e externa para responder sem preconceito frente a negros, observando que os valores suprapessoais fundamentavam motivações intrínsecas, enquanto aqueles de realização promoviam motivações extrínsecas. Interessada nos correlatos do altruísmo, Diniz (2009) comprovou que a disposição a ajudar tinha a ver com a importância que atribuíam aos valores humanitários, especialmente aos suprapessoais. Gomes (2011) e Gonçalves (2012) estudaram os correlatos valorativos da escolha do parceiro ideal, observando resultados consistentes. Em linhas gerais, a importância atribuída à subfunção experimentação se correlacionou com o atributo atlética, a realização o fez com realizada, a interativa com sociável e a normativa com tradicional.

Comportamentos socialmente desviantes: têm sido numerosos os estudos sobre comportamentos desviantes em geral (uso de drogas, delitos, agressão), mostrando que essa teoria pode ser útil para explicá-los. Coelho Júnior (2001), por exemplo, constatou que o uso potencial de drogas foi maior entre jovens que davam importância a valores de experimentação, porém diminuiu para os que priorizavam aqueles normativos. Nessa mesma direção, Formiga (2002) observou que os valores de experimentação predisseram maior incidência de comportamentos autorrelatados antissociais e delitivos. Esses achados foram corroborados por Vasconcelos (2004) e Pimentel (2004), sendo que este último observou ainda que tais padrões foram igualmente observados para comportamentos criminais e atitudes favoráveis ao uso de maconha.

Andrade (2003) verificou que crianças que endossam valores de experimentação justificam mais a agressão e tendem a assistir desenhos animados com conteúdo agressivo. Coerentemente, Chaves (2006) constatou, em amostra de adolescentes, que aqueles que davam importância aos valores de experimentação tendiam a relatar maior número de condutas agressivas e antissociais, além de estarem mais predispostos ao uso de álcool. O padrão inverso foi observado para a subfunção normativa. Finalmente, Santos (2008) considerou estudantes dos ensinos fundamental, médio e superior, verificando que, invariavelmente, os valores de experimentação tornam mais prováveis os comportamentos antissociais e delitivos, enquanto que os normativos os inibem.

Consumo e contexto organizacional: esta teoria tem sido empregada no contexto do trabalho, enfocando diferentes aspectos ou variáveis. Queiroga, Gouveia, Coutinho, Pessoa e Meira (2006) estudaram a intenção de comportamento socialmente responsável do consumidor, mostrando que indivíduos que priorizam valores suprapessoais estão mais preocupados com o meio ambiente e a reciclagem. Gouveia *et al.* (2009) demonstraram a importância desta teoria para explicar variáveis organizacionais a partir de três estudos, mostrando que: (1) as pessoas que dão importância aos valores de existência tendem a acentuar o comprometimento instrumental no trabalho, as que endossam valores interativos destacam o comprometimento afetivo e os que primam por valores normativos enfocam o comprometimento normativo; (2) aqueles que priorizam valores das subfunções interativa e normativa percebem mais seu ambiente de trabalho como proporcionando afetos caracterizados como agradáveis e intensos (empolgado, entusiasmado), enquanto que os que dão importância aos suprapessoais percebem seu ambiente como gerando afetos pouco prazerosos, quer com baixa (desencorajado, triste) ou alta (desgostoso, furioso) intensidade; e, finalmente, (3) trabalhadores que dão maior importância a valores da subfunção realização vivenciam maior despersonalização (cinismo) no ambiente de trabalho, relatando ainda maior fadiga, padrões inversos aos observados para os que priorizam valores normativos. Por fim, Mendes (2010) buscou conhecer os correlatos valorativos do consumo de serviços postais, focando o julgamento e a atribuição de significado desses serviços. No caso, seu atributo simbólico foi maior para aqueles que priorizaram os valores das subfunções interativa e normativa. Nascimento (2012) constatou que, no geral, os valores idealistas (humanitários) promovem diminuição da resistência à mudança na organização, aumentando, ainda, o desempenho autopercebido dos trabalhadores.

Bem-estar e desconforto psicológicos: também tem sido uma temática cujos estudos pautados na Teoria Funcionalista têm mostrado relevância. Fonsêca *et al.* (2006) demonstraram, por exemplo, que professores do ensino fundamental que priorizavam valores normativos estavam mais inclinados a afetos positivos e satisfação com a vida, tendo, contrariamente, menores indícios de depressão. Por outro lado, aqueles que endossaram mais valores de experimentação apresentaram, em maior medida, indicadores de depressão, enquanto os que deram importância aos valores de realização informaram mais afetos negativos. Considerando pessoas da população geral, Chaves (2003) observou que a maior pontuação em valores intrínsecos (aqueles das subfunções interativa e suprapessoal) apresentou maior bem-estar psicológico. Finalmente, Aquino (2009), buscando conhecer as atitudes frente ao suicídio e a intenção de cometê-lo, considerou, juntamente com o grau de religiosidade e a preferência por música convencional, a importância dos valores normativos. Estes compuseram um fator de vínculo social que diminuiu a favorabilidade das atitudes frente ao suicídio, predizendo a intenção desse ato.

Atitudes e preocupação ambiental: Coelho (2009) constatou que a importância que as pessoas dão aos valores centrais (subfunções suprapessoal e existência) aumenta a probabilidade de atitudes de preservação ambiental, sendo que esta é menor se elas priorizarem mais valores pessoais (subfunções experimentação e realização). Entretanto, esses valores são ainda mais preponderantes para explicar comportamentos relacionados ao desperdício de água. Um padrão inverso foi observado para a utilização do ambiente, quando os valores centrais fizeram menos prováveis atitudes dessa natureza, enquanto que os pessoais as potencializaram. Recentemente, nessa mesma direção, Pessoa (2011) comprovou que os valores sociais e idealistas/humanitários promoveram atitudes de preservação, enquanto que os valores pessoais tornaram mais prováveis as atitudes de utilização do meio ambiente. Além disso, a autora verificou que as pessoas que deram maior importância aos valores centrais (subfunções suprapessoal e existência) foram mais suscetíveis a atitudes favoráveis frente a fontes renováveis de energia.

Esse foi um apanhado de estudos que mostram como a Teoria Funcionalista dos Valores pode ser empregada para conhecer temáticas ou construtos diferentes. Contudo, o número de estudos e a diversidade das questões abordadas são superiores ao que foi previamente descrito. Cabe ao leitor, também, pensar em outras possibilidades, que não serão difíceis de vislumbrar; afinal, os valores parecem ser a base da existência humana, permeando suas múltiplas facetas e atividades. Porém, o leitor pode se perguntar se essa teoria poderá ser usada apenas no contexto da pesquisa científica. Não! Essa resposta pronta e direta sugere que existem aplicações práticas possíveis, podendo-se pensar nos achados para orientar programas educativos e promover comportamentos socialmente ajustados. Como foi mencionado anteriormente, não se trata de focar um único valor e esquecer os demais. É preciso atentar para cada fase de desenvolvimento, quando os valores têm funções específicas (Vione, 2012), delineando estratégias que visem a ressaltar sua importância. Na adolescência, por exemplo, é mais comum buscar novas sensações (Pimentel, 2004; Vasconcelos, 2004), o que se traduz presumivelmente na importância atribuída aos valores de experimentação. Sabe-se, entretanto, que esses valores podem potencializar comportamentos socialmente desviantes, enquanto que os normativos poderão inibi-los. Desse modo, será preciso educar também em princípios normativos, amenizando o impacto de orientação que implique assumir riscos que possam prejudicar tais jovens.

A propósito disso, meus colaboradores e eu estamos desenvolvendo, no momento, programas de intervenção que visam a incentivar comportamentos pró-ambientais e melhorar o engajamento e o rendimento escolar a partir da modificação de prioridades valorativas, tomando como referência a técnica de autoconfrontação (Rokeach, 1973). Porém, ainda há muito a fazer. Esse modelo teórico tem claro potencial no sentido de contribuir para inibir comportamentos socialmente desviantes, como o uso de drogas, prática sexual com múltiplos parceiros e condutas antissociais. Deve-se insistir que isso será possível promovendo valores da subfunção *normativa*, que primam por comportamentos mais ajustados à sociedade. Isso não implica, entretanto, aniquilar os outros valores, mas contar com um perfil axiológico balanceado, ou seja, que pondere a importância das múltiplas subfunções, sem ênfase restrita em uma delas. Isso pode assegurar um indivíduo mental e socialmente mais equilibrado.

6.4. PROGRAMA DE PESQUISA

Como parece evidente a partir do que foi comentado, o foco principal do conjunto de pesquisas, dissertações e teses tem sido reunir provas que atestem a adequação da *teoria funcionalista dos valores*. Dessa forma, foram muitas as frentes abertas e os estudos versaram sobre temáticas variadas. No entanto, o momento atual é outro, refletido na consolidação dessa teoria. Nesse sentido, as pesquisas já contam com um fio condutor mais nítido e sólido, focando aspectos essenciais para entender os valores, deixando de considerar construtos variados e levando em conta questões mais básicas. Ao que tudo indica, esse será o maior desafio da próxima década. Coerentemente, nos parágrafos a seguir são mapeados cinco pontos principais envolvidos nas recentes pesquisas de meu grupo, com potencial para guiar pesquisas futuras.

6.4.1. Medidas dos valores

Medir valores não é fácil. É necessário, por exemplo, determinar o tipo de escala de resposta, se de ordenamento ou intervalos (Braithwaite & Scott, 1991). Existe também o problema inerente de desejabilidade social

(Schwartz *et al.*, 1997) e da consistência interna baixa (Gouveia *et al.*, 2010), assim como a dificuldade de medir valores com pessoas que não sabem ler ou escrever, que têm capacidade cognitiva baixa para diferenciar níveis abstratos das escalas de respostas ou aquelas cuja linguagem precisa ser adaptada. Portanto, são necessários empreendimentos adicionais nessa área específica, contribuindo com medidas mais eficazes para avaliar os valores humanos.

No que se refere à desejabilidade social, atualmente está sendo desenvolvida, no escopo do programa de pesquisa acerca dessa teoria, uma medida de associação implícita dos valores na linha do que fizeram Gebauer, Maio e Johannes (2009), empregando tanto lápis e papel como computador. A proposta é contar com duas formas (A e B), variando os estímulos ou marcadores valorativos (Athayde, 2012). Inicialmente, existe apenas o formato verbal (palavras), porém não se descarta desenvolver uma medida iconográfica, trabalhando com fotos ou mesmo desenhos (Döring *et al.*, 2010).

Quanto ao problema da consistência interna, uma prática comum, mas que pode se revelar equivocada, é empregar alfas de Cronbach para avaliar esse parâmetro. Não obstante, esse índice é afetado pelo número de itens, faz a suposição de unidimensionalidade da medida, pressupõe que os itens tenham saturações equivalentes e os erros de medida sejam independentes (Hair *et al.*, 2009). Além disso, não se pode deixar de ressaltar a pouca variabilidade presumível dos valores dentro de uma mesma cultura, o que pode produzir similaridades interpessoais, mas não necessariamente consistências intrapessoais, comprometendo também esse parâmetro (Gouveia, Santos, & Milfont, 2009). Dessa forma, ampliar o número de itens e empregar outra técnica para checar a consistência interna, como a *confiabilidade composta* (Škerlavaj & Dimovski, 2009), podem ser alternativas viáveis.

Embora considerados como um construto central em psicologia social (Rokeach, 1973), os valores não parecem encontrar correspondentes na prática psicológica. A propósito, a maioria dos instrumentos para medi-los tem se limitado a pesquisas básicas, sem qualquer interesse explícito em aplicabilidade. Foi precisamente pensando nesse aspecto que meu grupo de pesquisa planejou e desenvolveu uma medida que trabalha com parcelas de itens, visando, principalmente, assegurar validade fatorial e consistência interna, favorecendo seu uso em contextos diagnósticos, como podem ser a clínica, a escola, a organização e o judiciário (Souza, 2012).

Por fim, vêm sendo envidados esforços também no sentido de elaborar medidas que promovam a inclusão social. Concretamente, estão sendo elaboradas versões do QVB em braile e libras. Nesse caso, não se trata apenas de traduzir diretamente o instrumento, mas considerar a possibilidade de adaptar, além da estrutura gramatical, conteúdos das subfunções valorativas, substituindo inclusive termos que não encontrem correspondência fidedigna na linguagem dos sinais, como pode ser *tradição*.

6.4.2. Desenvolvimento em valores

Os estudos sobre desenvolvimento da personalidade têm sido recorrentes na literatura (Srivastava, John, Gosling, & Potter, 2003), porém, aqueles no contexto dos valores são menos frequentes. Possivelmente, isso se deve à concepção de Rokeach (1973) de que, uma vez integrados os valores, por volta dos cinco a dez anos de idade, as pessoas não os mudam, embora possam, por razões diversas (manipulação, experiência de vida), mudar algumas prioridades.

Contudo, recentemente parece haver uma preocupação com o tema da mudança de valores (Bardi & Goodwin, 2011). No grupo de pesquisa coordenado por mim essa questão vem sendo tratada, enfocando (a) quando tem fim a mudança de valores nos estágios de desenvolvimento e (b) o tipo de mudança observada (linear, quadrática ou cúbica) (Vione, 2012). Entretanto, essa pesquisa é de tipo transversal, mesmo considerando pessoas dos oito aos noventa anos. Porém, nos próximos cinco anos será desenvolvida uma pesquisa longitudinal, procurando conhecer a mudança de valores em uma época específica: período de universidade.

6.4.3. Aspectos genéticos e neurológicos

Nas duas últimas décadas certamente tem sido presenciada uma produção acentuada de estudos nos campos da psicologia evolucionista e neuropsicologia. É como se, voltando a seus passos, talvez pela própria natureza cíclica da História, os psicólogos tivessem redescoberto as bases mais biológicas e fisiológicas do comportamento humano, presentes nas abordagens iniciais que deram sustento à psicologia no século XIX, evidenciando-se a partir de nomes como Gustav Theodor Fechner (1860, *Elements of Psychophysics*), Herbert Spencer (1870, *Principles of Psychology*) e Wilhelm Wundt (1874, *Grundzüge der Physiologischen Psychologie*) (Boeree, 2006). A temática dos valores não poderia ser alheia a esse movimento, e, de fato, começam a ter espaço estudos que tratam de mostrar seus fundamentos biológicos e neurológicos (Brosch *et al.*, 2011; Cela-Conde, 2005).

Não se conhece ainda a extensão desse movimento no campo dos valores. Seguindo uma perspectiva psicológica, estima-se que poderá ser positiva, mostrando, se possível, com base em evidências empíricas, que os valores são bem mais do que palavras ensinadas às crianças, justificando a estrutura universal das funções e subfunções valorativas e rompendo de vez com a concepção construcionista, que entende os valores como instáveis, construídos segundo o contexto (Gergen & Gergen, 2000). Por admitir as bases mais biológicas e neurológicas dos valores sem descartar sua essência social, sobretudo ao ter a função precípua de assegurar a integridade e continuidade da sociedade com seus membros, planeja-se conduzir alguns estudos seguindo essas perspectivas. Concretamente, está sendo desenvolvida uma pesquisa com gêmeos mono e dizigóticos para conhecer o conteúdo genético dos valores. Além disso, prevê-se iniciar estudos sobre estimulação cerebral transcraniana para relacionar os valores com áreas específicas ativadas no cérebro.

6.4.4. Comprovação de modelos rivais

É inegável a importância na literatura do modelo de S. H Schwartz (Maio, 2010; Schwartz *et al.*, 2012), que propõe uma teoria universal dos tipos motivacionais de valores (Schwartz, 1992, 1994, 2005). Previamente, Gouveia (2003) comprovou, por meio de MDS exploratória, que havia alguma convergência entre esse modelo e sua teoria. Mais recentemente, Guerra (2009) e Lauer-Leite

(2009) também compararam ambos os modelos, apresentando resultados que permitem concluir que, quando não explica igual proporção de variância, a medida derivada da Teoria Funcionalista contribui mais, apresentando resultados consistentes, inclusive empregando uma estrutura mais parcimoniosa.

Mesmo com os resultados anteriormente relatados, é importante reconhecer que as pesquisas citadas não tinham o propósito específico de comparar as duas teorias indicadas. Nesse sentido, demandam-se esforços para considerar formal e especificamente tais teorias, avaliando, por exemplo, suas estruturas fatoriais, além de confrontá-las com relação a variáveis externas, como podem ser atitudes e comportamentos potencialmente correlatos. De fato, essa iniciativa vem sendo levada a cabo, mostrando que a teoria ora tratada reúne resultados bem favoráveis – corroborando estudos previamente citados, quando não oferece explicações similares àquelas providenciadas pelo modelo de Schwartz, são algo mais promissoras (Lima, 2012). Confia-se que, em um futuro próximo, será possível indicar em que medida essas duas teorias podem ser empregadas para explicar outros construtos, avaliando a contribuição de cada uma ou identificando o contexto em que podem funcionar mais adequadamente.

Nesse ponto cabe assinalar que não parece ter sido coincidência que, desde o contato que Schwartz e seus colaboradores tiveram com a Teoria Funcionalista dos Valores, muitas coisas mudaram em seu modelo, como a incorporação da concepção de valores básicos, por exemplo, que não estava evidente em suas publicações prévias (Schwartz, 1994; Schwartz & Bilsky, 1989, 1990) e, mais recentemente, a integração subjacente a seu modelo de dimensões funcionais tipo de motivador (preservação = materialista *versus* crescimento = humanitária) e tipo de orientação (pessoal *versus* social) (Schwartz *et al.*, 2012). Este trabalho procura minimizar críticas que vêm sendo feitas sobre a necessidade de diferenciar os tipos motivacionais *segurança* e *universalismo* (Gouveia, Chaves *et al.*, 2003), bem como cobrir aspectos relativos a valores de existência, aqueles mais relacionados com aspectos materiais, primando pela sobrevivência do indivíduo, fundamentais em contextos de escassez (Fischer *et al.*, 2011; Gouveia, 2003; Silva Filho, 2001).

6.4.5. Variações inter e intraculturais

Os valores são aproximadamente os mesmos, independente do país, grupo ou cultura. As pessoas podem variar consideravelmente em suas prioridades valorativas, sobretudo em função da sociedade em que se inserem. Dentro de uma mesma sociedade é fundamental que haja um conjunto compartilhado de valores, de modo a assegurar sua meta mais urgente: seguir existindo, garantindo relações harmoniosas entre as pessoas. Nesse sentido, intraculturalmente, mesmo entre pessoas que cumprem funções ou papéis diferentes, estima-se que suas prioridades valorativas sejam aproximadamente as mesmas. No entanto, interculturalmente, mesmo que as pessoas desenvolvam atividades similares, elas poderão diferir na importância que atribuem aos valores, segundo a cultura de que fazem parte. Essa frente de pesquisa ocupará nos próximos anos este autor e seus colaboradores. Concretamente, planeja-se comparar os perfis valorativos de pessoas com papéis iguais em diferentes capitais brasileiras (médicos, estudantes universitários), mostrando que seus valores diferem, com aquelas com papéis diferentes (prostitutas, policiais, religiosos) em uma mesma capital (João Pessoa, PB), mostrando que seus valores são similares.

Por fim, com esta obra, espera-se oferecer uma contribuição para consolidar uma perspectiva mais psicológica no âmbito dos valores humanos, porém sem deixar de acomodar ideias sociológicas e antropológicas, que dão sentido ao tema. Essa teoria se mostra coerente com o que vem sendo feito no mundo dos valores no âmbito motivacional, apontando possibilidades diversas de compreender como as pessoas aprendem, empregam no seu dia a dia e mudam as prioridades valorativas. Essa tarefa ainda não está encerrada, mesmo que já tenha sido proposta a teoria, o que significa, por sua vez, a solidificação de seu núcleo rígido e as heurísticas negativa e positiva que mostram que ainda há muito a se conhecer. Foram apresentadas sugestões de pesquisas, mas a cada dia surge uma nova ideia, o que revela o poder renovador, revelador e instigador dessa teoria, que não dá sinal de esgotamento.

REFERÊNCIAS

Abramson, P. R. (2011). *Critiques and counter-critiques of the postmaterialism thesis: Thirty-four years of debate*. Recuperado em 11 de fevereiro de 2013, de http://escholarship.org/uc/item/3f72v9q4.

Aquino, T. A. A. (2009). *Atitudes e intenções de cometer o suicídio: Seus correlatos existenciais e normativos*. Tese de Doutorado, Departamento de Psicologia, Universidade Federal da Paraíba, João Pessoa, PB.

Alberoni, F. (1994). *Valores: 23 reflexiones sobre los valores más importantes en la vida*. Barcelona: Gedisa Editorial.

Albert, E. M. (1963). Conflict and change in American values as a culture-historical approach. *Ethics, 74,* 19-33.

Alderfer, C. P. (1972). *Existence, relatedness, and growth: Human needs in organizational settings*. New York: Free Press.

Alfinito, S. (2009). *A influência de valores humanos e axiomas sociais na escolha do consumidor: Uma análise comparativa aplicada à educação superior*. Tese de Doutorado, Departamento de Psicologia Social, do Trabalho e das Organizações, Universidade de Brasília, Brasília, DF.

Alford, J. R., Funk, C. L., & Hibbing, J. R. (2008). Beyond liberals and conservatives to political genotypes and phenotypes. *Perspectives on Politics, 6,* 321-328.

Allen, M. W., Ng, S. H., & Wilson, M. (2002). A functional approach to instrumental and terminal values and the value-attitude-behaviour system of consumer choice. *European Journal of Marketing, 36*, 111-135.

Allport, G.W., & Vernon, P.E. (1931). *A study of values*. Boston, MA: Houghton Mifflin.

Anastasia, A., Kuhl, J., & Sorrentino, R. M. (2001). *Trends and prospects in motivation research*. Dordrecht, Netherlands: Kluwer Academic.

Andrade, M. W. C. L. (2001). *A dimensão valorativa do sentido da vida*. Dissertação de Mestrado, Departamento de Psicologia, Universidade Federal da Paraíba, João Pessoa, PB.

Andrade, P. R. (2003). *Correlatos valorativos da preferência por desenhos animados: Compreendendo a justificação da agressão*. Dissertação de Mestrado, Departamento de Psicologia, Universidade Federal da Paraíba, João Pessoa, PB.

Aranha, M. L. A. (1993). *Filosofando. Introdução à Filosofia*. 2ª ed. São Paulo: Moderna.

Araújo, R. C. R. (2013). *As bases genéticas da personalidade, dos valores humanos e da preocupação com a honra*. Dissertação de mestrado. Departamento de Psicologia, Universidade Federal da Paraíba, João Pessoa, PB.

Ardila, R., Gouveia, V. V., & Medeiros, E. D. (2012). Human values of Colombian people. Evidence for the functionalist theory of values. *Revista Latinoamericana de Psicología, 44*, 105-117.

Arruda, A. (2002). Teoria das representações sociais e teorias de gênero. *Cadernos de Pesquisa, 117,* 127-147.

Asbury, K., Dunn, J. F., Pike, A., & Plomin, R. (2003). Nonsahred environmental influences on individual differences in early behavioral development: A monozygotic twin differences study. *Child Development, 74,* 933-943.

Athayde, R. A. A. (2012). *Medidas implícitas de valores humanos: Elaboração e evidências de validade*. Dissertação de mestrado. Departamento de Psicologia, Universidade Federal da Paraíba, João Pessoa, PB.

REFERÊNCIAS

Barcelos, S. M. (2011). *Relatividade dos valores e o Direito – Crítica à teoria dos valores absolutos.* Recuperado em 11 de fevereiro de 2013, de http://www.egov.ufsc.br/portal/conteudo/relatividade-dos-valores-e-o-direito-cr%C3%ADtica-%C3%A0-teoria-dos-valores-absolutos.

Bardi, A., & Goodwin, R. (2011). The dual route to value vhange: Individual processes and cultural moderators. *Journal of Cross-Cultural Psychology, 42,* 271-287.

Barkow, J. H., Cosmides, L., & Tooby, J. (1992). *The adapted mind: Evolutionary psychology and the generation of culture.* New York: Oxford University Press.

Baron-Cohen, S. (2003). *Essential difference: The truth about the male and female brain.* New York: Perseus Books Group.

Barros, V. S. C. (2011). *10 lições sobre Machiavel.* 2ª ed. Petrópolis, RJ: Vozes.

Baumeister, R. F. (1991). *Meanings of life.* New York: Guilford.

Baumeister, R. F. (2005). *The cultural animal: Human nature, meaning and social life.* New York: Oxford University Press.

Beer, J. S., John, O. P., Scabini, D., & Knight, R. T. (2006). Orbitofrontal cortex and social behavior: Integrating self-monitoring and emotion-cognition interactions. *Journal of Cognitive Neuroscience, 18,* 871-879.

Belo, R. P. (2003). *A base social das relações de gênero: Explicando o ciúme romântico através do sexismo ambivalente e dos valores humanos.* Dissertação de Mestrado, Departamento de Psicologia, Universidade Federal da Paraíba, João Pessoa, PB.

Bilsky, W. (2003). A.Teoria das Facetas: Noções básicas. *Estudos de Psicologia, 8,* 357-365.

Bilsky, W., & Schwartz, S. H. (1994). Values and personality. *European Journal of Personality, 8,* 163-181.

Böer, D. (2009). *Music makes the people come together: Social functions of music listening for young people across cultures.* Tese de Doutorado, Universidade Vitória de Wellington, Nova Zelândia.

Boeree, C. G. (2006). *The history of psychology – Part three: The 1800's.* Recuperado em 11 de janeiro de 2013, de http://www.ship.edu/%7Ecgboeree/historyofpsych.html.

Bond, M. H. (1988). Finding universal dimensions of individual variation in multicultural studies of values: The Rokeach and Chinese Value Surveys. *Journal of Personality and Social Psychology, 55,* 1009-1015.

Bortolotti, S. L. V. (2010). *Resistência à mudança organizacional: medida de avaliação por meio da teoria da resposta ao item.* Tese de Doutorado, Programa de Pós-graduação em Engenharia de Produção, Universidade Federal de Santa Catarina, Florianópolis, SC.

Boyd, R., Gintis, H., Bowles, S., & Richerson, P. (2003). The evolution of altruistic punishment. *PNAS, 100,* 3531-3535.

Braithwaite, V. A., & Law, H. G. (1985). Structure of human values: Testing the adequacy of the Rokeach Value Survey. *Journal of Personality and Social Psychology, 49,* 250-263.

Braithwaite, V. A., Makkai, T., & Pittelkow, Y. (1996). Inglehart's materialism-postmaterialism concept: Clarifying the dimensionality debate through Rokeach's model of social values. *Journal of Applied Social Psychology, 26,* 1536-1555.

Braithwaite, V. A., & Scott, W. A. (1991). Values. In J. P. Robinson, P. R. Shaver, & L. S. Wrightsman (Eds.), *Measures of personality and social psychological attitudes* (Vol. 1, pp. 661-753). San Diego, CA: Academic Press.

Brosch, T., Coppin, G., Scherer, K. R., Schwartz, S., & Sander, D. (2011). Generating value(s): Psychological value hierarchies reflect context-dependent sensitivity of the reward system. *Social Neuroscience, 6,* 198-208.

Brosch, T., Coppin, G., Schwartz, S., & Sander, D. (2011). The importance of actions and the worth of an object: Dissociable neural systems representing core value and economic value. *Social Cognitive and Affective Neuroscience.* doi:10.1093/scan/nsr036.

Buss, D. M. (2004). *Evolutionary psychology: The new science of the mind.* Boston, MA: Pearson.

Byrne, B. M. (2010). *Structural equation modeling with Amos: Basic concepts, applications, and programmimg.* 2a ed. New York: Routledge.

Caprara, G. G., Alessandri, G., & Eisenberg, N. (2012). Prosociality: The contribution of traits, values, and self-efficacy beliefs. *Journal of Personality and Social Psychology, 102,* 1289-1303.

Cárdenas, J. R. G. (2011). *Los valores motivacionales y orientadores de los miembros de open source ecology.* Dissertação de Mestrado, Departamento de Administração, Universidade de Córdoba, Córdoba, Espanha.

Caspers, S., Heim, S., Lucas, M.G., Stephan, E., Fischer, L., Amunts, K., & Zilles, K. (2011). Moral concepts set decision strategies to abstract values. *PLoS ONE 6*: e18451. doi:10.1371/journal.pone.0018451.

Castro, F. L. (2007). *História do direito geral e Brasil.* 5a ed. Rio de Janeiro: Lumen Juris.

Cavalcante, L. C. (2013). *IVHO (Inventário de Valores Humanos nas Organizações): construção, padronização e indicadores de validade.* Dissertação de mestrado. Faculdade de Psicologia, Universidade Federal do Amazonas, AM.

Cavalcanti, M. F. B. (2009). *Atitudes frente ao piercing e a intenção de usá-lo: Uma explicação a partir do compromisso convencional.* Tese de Doutorado, Departamento de Psicologia, Universidade Federal da Paraíba, João Pessoa, PB.

Cela-Conde, C. J. (2005). Did evolution fix human values? In J.-P. Changeux, A. R. Damasio, W. Singer, & Y. Christen (Eds.), *Neurobiology of human values* (pp. 11-15). New York: Springer-Verlag.

Changeux, J.-P., Damasio, A. R., Singer, W., & Christen, Y. (Eds.) (2005). *Neurobiology of human values.* New York: Springer-Verlag.

Chaui, M. (2000). *Convite à Filosofia.* São Paulo: Editora Ática.

Chaves, C. M. (2006). *Compromisso convencional: Fator de proteção para as condutas agressivas, anti-sociais e de uso de álcool?* Dissertação de Mestrado, Departamento de Psicologia, Universidade Federal da Paraíba, João Pessoa, PB.

Chaves, S. S. S. (2003). *Valores como preditores do bem-estar subjetivo.* Dissertação de Mestrado, Departamento de Psicologia, Universidade Federal da Paraíba, João Pessoa, PB.

Chaves, S. S. S. (2007). *Bem-estar subjetivo em músicos e advogados da cidade de João Pessoa.* Tese de Doutorado, Departamento de Psicologia, Universidade Federal do Rio Grande do Norte, Natal, RN.

Clark, L. A., & Watson, D. (1995). Constructing validity: Basic issues in objective scale development. *Psychological Assessment, 7,* 309-319.

Clawson, C. J., & Vinson, D. E. (1978). Human values: A historical and interdisciplinary analysis. In K. Hunt (Ed.), *Advances in consumer research* (Vol. 5, pp. 396-402). Ann Arbor, MI: Association for Consumer Research.

Clemente, M. (1995). Marcos explicativos del delito. In M. Clemente (Ed.), *Fundamentos de la psicología jurídica* (pp. 297-310). Madri: Pirámide.

Coelho, J. A. P. M. (2009). *Habilidade de conservação de água: Uma explicação pautada em valores humanos, emoções e atitudes.* Tese de Doutorado, Universidade Federal da Paraíba, João Pessoa, PB.

Coelho Júnior, L. L. (2001). *O uso potencial de drogas em estudantes do Ensino Médio: Sua correlação com as prioridades axiológicas.* Dissertação de Mestrado, Departamento de Psicologia, Universidade Federal da Paraíba, João Pessoa, PB.

Colomy, P. B. (1986). Recent developments in the functionalist approach to social change. *Sociological Focus, 19,* 139-158.

Cosmides, L., & Tooby, J. (2004). Knowing thyself: The evolutionary psychology of moral reasoning and moral sentiments. In R. E. Freeman, & P. Werhane (Eds.), *Business, science, and ethics. The Ruffin Series N° 4.* (pp. 91-127). Charlottesville, VA: Society for Business Ethics.

Cremo, M. A. (1999). *Puranic time and the archaeological record*. In T. Murray (Ed.), *Time and archaeology* (pp. 38-48). New York: Routledge.

Cunningham, L., & Reich, J. (2002). *Culture and values: A survey of the humanities*. 5a ed. Vitoria, Austrália: Thomson Learning.

Dagg, J. L. (2003). *A metaphor for Herbert Spencer's explanatory system*. Recuperado em 11 de janeiro de 2013, de http://www.victorianweb.org/philosophy/spencer/dagg2.html.

Dahlsgaard, K., Peterson, C., & Seligman, M. E. P. (2005). Shared virtue: The convergence of valued human strengths across culture and history. *Review of General Psychology, 9*, 203-213.

Dalbert, C. (1999). The world is more just for me than generally: About the Personal Belief in a Just World Scale's validity. *Social Justice Research, 12*, 79-98.

Dalbert, C. (2009). Belief in a just world. In M. R. Leary, & R. H. Hoyle (Eds.), *Handbook of individual differences in social behavior* (pp. 288-297). New York: Guilford Publications.

Dalbert, C., Montada, L., & Schmitt, M. (1987). Glaube an eine gerechte Welt als Motiv: Vali-dierungskorrelate zweier Skalen [Belief in a just world as motive: Validity correlates of two scales]. *Psychologische Beiträge, 29*, 596-615.

Damasio, A. (2005). The neurological grouding of human values. In J.-P. Changeaux, A. R. Damasio, W. Singer, & Y. Christen (Eds.), *Neurobiology of human values* (pp. 47-56). New York: Springer-Verlag.

DaMatta, R. (1986). *O que faz o Brasil, Brasil?* Rio de Janeiro: Editora Rocco.

Davidsson, P., & Wiklund, J. (1997). Values, beliefs and regional variations in new firm formation rates. *Journal of Economic Psychology, 18*, 179-199.

Dawkins, R. (1990). *The selfish gene*. Oxford: Oxford University Press.

Del Junco, J. G., Medina, E., & Dutschke, G. (2010). Una revisión exploratoria del modelo de Schwartz. *Revista Economía, Gestión y Desarrollo, 9*, 35-66.

Diniz, P. K. C. (2009). *Correlatos valorativos e emocionais do altruísmo*. Dissertação de Mestrado. Departamento de Psicologia, Universidade Federal da Paraíba, João Pessoa, PB.

Döring, A. K., Blauensteiner, A., Aryus, K., Drögekamp, L., & Bilsky, B. (2010). Assessing values at an early age: The Picture-Based Value Survey for Children (PBVS-C). *Journal of Personality Assessment, 92*, 439-448.

Durkheim, É. (1893 / 1982). *La división del trabajo social*. Madri: Akal Editor.

Eisenstadt, S. N. (1970). *Ensayos sobre el cambio social y la modernización*. Madri: Editorial Tecnos.

Erikson, E. H. (1994). *Identity and the life cycle*. New York: Norton.

Farris, N. M. (1987). Remembering the future, anticipating the past: History, time, and cosmology among the Maya of Yucatan. *Comparative Studies in Society and History, 29*, 566-593.

Feather, N. T. (1991). *Human values, global self-esteem, and belief in a just world. Journal of Personality, 59*, 83-107.

Feather, N. T. (1995). Values, valences, and choice: The influence of values on the perceived attractiveness and choice of alternatives. *Journal of Personality and Social Psychology, 68*, 1135-1151.

Fernandes, S., Costa, J., Camino, L., & Mendoza, R. (2007). Valores psicossociais e orientação à dominância social: Um estudo acerca do preconceito. *Psicologia: Reflexão & Crítica, 20*, 490-498.

Ferreira, M. C. (2010). A Psicologia Social contemporânea: Principais tendências e perspectivas nacionais e internacionais. *Psicologia: Teoria e Pesquisa, 26*, 51-64.

Fischer, R., Milfont, T. L., & Gouveia, V. V. (2011). Does social context affect value structures? Testing the within-country stability of value structures with a functional theory of values. *Journal of Cross-Cultural Psychology, 42*, 253-270.

Fonsêca, P. N., Chaves, S. S. S., & Gouveia, V. V. (2006). Professores do Ensino Fundamental e bem-estar subjetivo: Uma explicação baseada em valores. *Psico-USF, 11*, 45-52.

REFERÊNCIAS

Formiga, N. S. (2002). *Condutas anti-sociais e delitivas: Uma explicação baseada nos valores humanos.* Dissertação de Mestrado, Mestrado em Psicologia Social, Universidade Federal da Paraíba, João Pessoa - PB.

Formiga, N. S., & Gouveia, V. V. (2005). Valores humanos e condutas antissociais e delitivas. *Psicologia: Teoria e Prática, 7,* 134-170.

Freires, L. A. (2013). *Bases valorativos da preocupação masculina com a aparência.* Dissertação de mestrado. Departamento de Psicologia, Universidade Federal da Paraíba, PB.

Furusawa, K. (2008). *Values and democracy: Postmaterialist shift versus cultural particularity in Russia, the USA, Britain and Japan.* Tese de Doutorado, Department of Politics, University of Glasgow, Escócia.

Gebauer, J. E., Maio, G. R., & Johannes, C. (2009). *Measuring values on an implicit level: Relations with explicit values, social desirability, and behaviour* (Manuscrito não publicado).

Gergen, K. J., & Gergen, M. M. (2000). The new aging: Self construction and social values. In K. W. Schaie, & J. Hendricks (Eds.), *The evolution of the aging self: The societal impact on the aging process* (pp. 281-306). New York: Springer.

Giddens, A. (1994). *Consecuencias de la modernidad.* Madri: Alianza Editorial.

Giddens, J. L., Schermer, J. A., & Vernon, P. A. (2009). Material values are largely in the family: A twin study of genetic and environmental contributions to materialism. *Personality and Individual Differences, 46,* 428-431.

Giumbelli, E. (2002). Para além do "trabalho de campo": Reflexões supostamente malinowskianas. *Revista Brasileira de Ciências Sociais, 17,* 91-107.

Goergen, P. (2005). Educação e valores no mundo contemporâneo. *Educação e Sociedade, 26,* 983-1011.

Goetz, J. L., Keltner, D., & Simon-Thomas, E. (2010). Compassion: An evolutionary analysis and empirical review. *Psychological Bulletin, 136,* 351-374.

Gomes, A. I. A. S. B. (2009). *A escolha de parceiro(a) ideal por hetero e homossexual: Uma leitura a partir dos valores e traços de personalidade.* Dissertação de Mestrado, Departamento de Psicologia, Universidade Federal da Paraíba, João Pessoa, PB.

Gonçalves, M. P. (2012). *Atributos desejáveis do(a) parceiro(a) ideal: Valores e traços de personalidade como explicadores*. Tese de Doutorado, Departamento de Psicologia, Universidade Federal da Paraíba, João Pessoa, PB.

Gouveia, V. V. (1998). *La naturaleza de los valores descriptores del individualismo e del colectivismo: Una comparación intra e intercultural*. Tese de Doutorado, Departamento de Psicologia Social, Universidade Complutense de Madri, Espanha.

Gouveia, V. V. (2001). El individualismo y el colectivismo normativo: Comparación de dos modelos. In M. Ros & V. V. Gouveia (Eds.), *Psicología social de los valores humanos: Desarrollos teóricos, metodológicos y aplicados* (pp. 101-125). Madri: Editorial Biblioteca Nueva.

Gouveia, V. V. (2003). A natureza motivacional dos valores humanos: Evidências acerca de uma nova tipologia. *Estudos de Psicologia (Natal), 8*, 431-443.

Gouveia, V. V. (2005). Toward a functional approach to human values. Trabalho apresentado no *9th European Congress of Psychology*, Granada, Espanha.

Gouveia, V. V. (2012). *Teoria funcionalista dos valores humanos: Fundamentos, evidências empíricas e perspectivas*. Tese para Concurso de Professor Titular, Departamento de Psicologia, Universidade Federal da Paraíba, João Pessoa, PB.

Gouveia, V. V., Albuquerque, F. J. B., Clemente, M., & Espinosa, P. (2002). Human values and social identities: A study in two collectivist cultures. *International Journal of Psychology, 37*, 333-342.

Gouveia, V. V., Andrade, J. M., Jesus, G. R., Meira, M., & Formiga, N. S. (2002). Escala multifatorial de individualismo e coletivismo: Elaboração e validação de construto. *Psicologia: Teoria e Pesquisa, 18*, 203-212.

Gouveia, V. V., Andrade, J. M., Milfont, T. L., Queiroga, F., & Santos, W. S. (2003). Dimensões normativas do individualismo e coletivismo: É suficiente a dicotomia pessoal *versus* social? *Psicologia: Reflexão e Crítica, 16*, 223-234.

Gouveia, V. V., Chaves, S. S. S., Dias, M. R., Gouveia, R. S. V., & Andrade, P. R. (2003). Valores humanos y salud general: Aportaciones desde la psicología social. In M. A. Vidal (Ed.), *Psicología del cuidado* (pp. 19-38). Valência, Espanha: Universidade Cardenal de Herrera.

Gouveia, V. V., Fonseca, P. N., Gouveia, R. S. V., Diniz, P. K. C., Cavalcanti, M. F. B., & Medeiros, E. D. (2010). Correlatos valorativos de atributos desejaveis de um/a parceiro/a ideal. *Psicologia: Reflexão e Crítica, 23*, 166-175.

Gouveia, V. V., Fonsêca, P. N., Milfont, T. L., & Fischer, R. (2011). Valores humanos: Contribuições e perspectivas teóricas. In C. V. Torres, & E. R. Neiva (Eds.), *A psicologia social: Principais temas e vertentes* (pp. 296-313). Porto Alegre, RS: Artmed.

Gouveia, V. V., Martínez, E., Meira, M., & Milfont, T. L. (2001). A estrutura e o conteúdo universais dos valores humanos: Análise fatorial confirmatória da tipologia de Schwartz. *Estudos de Psicologia (Natal), 6*, 133-142.

Gouveia, V. V., Medeiros, E. D., Mendes, L. A. C., Vione, K C., & Athayde, R. A. A. (2010). Correlatos valorativos de atitudes frente à tatuagem. *Psicologia & Sociedade, 22*, 476-485.

Gouveia, V. V., Meira, M., Gusmão, E. E. S., Souza Filho, M. L., & Souza, L. E. C. (2008). Valores humanos e interesses vocacionais: Um estudo correlacional. *Psicologia em Estudo, 13*, 603-611.

Gouveia, V. V., Milfont, T. L., Fischer, R., & Coelho, J. A. P. M. (2009). Teoria funcionalista dos valores humanos: Aplicações para organizações. *Revista de Administração Mackenzie, 10*, 34-59.

Gouveia, V. V., Milfont, T. L., Fischer, R., & Santos, W. S. (2008). Teoria funcionalista dos valores humanos. In M. L. M. Teixeira (Ed.), *Valores humanos e gestão: Novas perspectivas* (pp. 47-80). São Paulo: Senac.

Gouveia, V. V., Milfont, T. L., Soares, A. K. S., Andrade, P. R., & Lauer-Leite, I. D. (2011). Conhecendo valores na infância: Evidências psicométricas de uma medida. *Psico-PUCRS, 42*, 106-115.

Gouveia, V. V., & Ros, M. (2000). The Hofstede and Schwartz's models for classifying individualism at the cultural level: Their relation to macro-social and macro-economic variables. *Psicothema, 12*, 25-33.

Gouveia, V. V., Santos, W. S., & Milfont, T. L. (2009). O uso da estatística na avaliação psicológica: Comentários e considerações práticas. In C. S. Hutz (Org.), *Avanços e polêmicas em avaliação psicológica: em homenagem a Jurema Alcides Cunha* (pp. 127-155). São Paulo: Casa do Psicólogo.

Gouveia, V. V., Santos, W. S., Milfont, T. L., Fischer, R., Clemente, M., & Espinosa, P. (2010). Teoría funcionalista de los valores humanos en España: Comprobación de las hipótesis de contenido y estructura. *Interamerican Journal of Psychology*, *44*, 203-214.

Gouveia, V. V., Santos, W. S., Pimentel, C. E., Medeiros, E. D., & Gouveia, R. S. V. (2011). Atitudes frente às drogas e uso de drogas entre adolescentes: Explicações a partir dos valores humanos. In E. A. Silva, & D. DeMicheli (Eds.), *Adolescência, uso e abuso de drogas: Uma visão integrativa* (pp. 209-230). São Paulo: Editora FAP-Unifesp.

Gouveia, V. V., Sousa, D. M. F., Fonsêca, P. N., Gouveia, R. S. V., Gomes, A. I. A. S. B., & Araújo, R. C. R. (2011). Valores, metas de realização e desempenho acadêmico: Proposta de um modelo explicativo. *Psicologia Escolar e Educacional*, *14*, 323-331.

Gouveia, V. V., Souza Filho, M. L., Araújo, A. G. T., Guerra, V. M., & Sousa, D. F. M. (2006). Correlatos valorativos das motivações para responder sem preconceito. *Psicologia: Reflexão e Crítica*, *19*, 422-432.

Green, C. D. (2009). Darwinian theory, functionalism, and the first American psychological revolution. *American Psychologist*, *64*, 75-83.

Guerra, V. M. (2005). *Bases valorativas do liberalismo sexual*. Dissertação de Mestrado, Departamento de Psicologia, Universidade Federal da Paraíba, João Pessoa, PB.

Guerra, V. M. (2009). *Community, autonomy, and divinity: Studying morality across cultures*. Tese de Doutorado, Department of Psychology, Universidade de Kent, Inglaterra.

Guerra, V. M., Gouveia, V. V., Sousa, D. M., Lima, T. J., & Freires, L. A. (2012). Sexual liberalism-conservatism: The effect of human values, gender, and previous sexual experience. *Archives of Sexual Behavior*, *41*, 1027-1039.

Gusfield, J. R. (1967). Tradition and modernity: Misplaced polarities in the study of social change. *American Journal of Sociology, 73*, 351-362.

Gusmão, E. E. (2004). *A hipótese da congruência vocacional: Considerações acerca dos valores e do bem-estar*. Dissertação de Mestrado, Departamento de Psicologia, Universidade Federal da Paraíba, João Pessoa, PB.

Hair, J. F., Anderson, R. E., Tatham, R. L., & Black, W. C. (2009). *Análise multivariada de dados*. 6a ed. *Porto Alegre, RS: Bookman*.

Harding, S., Phillips, D., & Fogarty, M. (1986). *Contrasting values in Western Europe: unity, diversity and change*. London: MacMillan Press/The European Value Systems Study Group.

Harris, J. A., Vernon, P. A., Johnson, A. M., & Jang, K. L. (2006). The genetics of values. *Behavior Genetics, 36,* 968.

Hawkins, J. D., Catalano, R. F., & Miller, J. Y. (1992). Risk and protective factors for alcohol and other drug problems in adolescent and early adulthood: Implications for substance abuse prevention. *Psychological Bulletin, 112,* 64-105.

Haymond, B. (2008). *Time and eternity: An Egyptian dualism*. Recuperado em 11 de janeiro de 2013, de http://www.nothingwavering.org/2008/06/25/2099--time-and-eternity-an-egyptian-dualism.html.

Hearn, L. (1906). *Japan: An attempt at interpretation*. New York: Grosset & Dunlap.

Henrich, J., Heine, S. J., & Norenzayan, A. (2010). The weirdest people in the world. *Behavioral and Brain Sciences, 33,* 61-83.

Herek, G. M. (1987). Can *functions* be measured? A new perspective on the functional approach to attitudes. *Social Psychology Quarterly, 50,* 285-303.

Herzberg, F., Mausner, B., & Snyderman, B. (1959). *The motivation to work*. New York: McGraw-Hill.

Heylighen, F. (1992). A cognitive-systemic reconstruction of Maslow's theory of self-actualization. *Behavioral Science, 37,* 39-57.

Hinz, A., Brähler, E., Schmidt, P., & Albani, C. (2005). Investigating the circumplex structure of the PVQ. *Journal of Individual Differences, 26,* 186-193.

Hodkinson, S. (2002). Social order and conflict of values in the classical Sparta. In M. Whitby (Ed.), *Sparta* (pp. 104-130). Edinburgh: Edinburgh University Press.

Hofstede, G. (1984). *Culture's consequences: International differences in work--related values.* Beverly Hills, CA: Sage Publications.

Hofstede, G. (1991). *Cultures and organizations: software of the mind.* London: McGraw-Hill Book Company.

Hofstede, G., & Bond, M. H. (1984). Hofstede's culture dimensions: An independent validation using Rokeach's Value Survey. *Journal of Cross-Cultural Psychology, 15,* 417-433.

Hofstede, G., Hofstede, G.J., & Minkov, M. (*2010*). *Cultures and organizations: Software* of *the mind.* 3a ed. New York: McGraw-Hill.

Holland, J. L. (1997). *Making vocational choices: A theory of vocational personalities and work environments.* Englewood Cliffs, NJ: Prentice-Hall.

Ickes, W. (1993). Traditional gender roles: Do they make, and then break, our relationships? *Journal of Social Issues, 49,* 71-85.

Immordino-Yang, M. H., McColl, A., Damasio, H., & Damasio, A. (2009). Neural correlates of admiration and compassion. *PNAS, 106,* 8021-8026.

Inglehart, R. (1977). *The silent revolution: Changing values and political styles among Western publics.* Princeton, NJ: Princeton University Press.

Inglehart, R. (1991). *El cambio cultural en las sociedades industriales avanzadas.* Madri: Siglo XXI.

Inglehart, R., Basanez, M., Diez-Medrano, J., Halman, L., & Luijkx, R. (2004). *Human beliefs and values: A cross-cultural sourcebook based on the 1999-2002 value surveys.* México, DF: Siglo XXI.

James, W. (1890). *The principles of psychology* (Vols. I e II). London: MacMillan.

John, O. P., Naumann, L. P., & Soto, C. J. (2008). Paradigm shift to the integrative big-five trait taxonomy: History, measurement, and conceptual issues.

In O. P. John, R. W. Robins, & L. A. Pervin (Eds.), *Handbook of personality: Theory and research* (pp. 114-158). New York: Guilford Press.

Kagitçibasi, Ç. (1987). Individual and group loyalties: Are they compatible? In Ç. Kagitçibasi (Ed.), *Growth and progress in cross-cultural psychology* (pp. 94-103). Lisse, The Netherlands: Swets & Zeitlinger.

Kagitçibasi, Ç. (1997). Individualism and collectivism. In J. W. Berry, M. H. Segall, & Ç. Kagitçibasi, Ç. (Eds.), *Handbook of cross-cultural psychology. Social behavior and applications* (Vol. 3, pp. 1-49). Boston, MA: Allyn and Bacon.

Kandler, C., Bleidorn, W., Riemann, R., Angleitner, A., & Spinath, F. M. (2011). The genetic links between the big five personality traits and general interest domains. *Personality and Social Psychology Bulletin, 37,* 1633-1643.

Kant, I. (1781/2001). *Crítica da razão pura.* 5a ed. Lisboa, Portugal: Fundação Calouste Gulbenkian.

Kasser, T., & Ahuvia, A. C. (2002). Materialistic values and well-being in business students. *European Journal of Social Psychology, 32,* 137-146.

Katz, D. (1960). The functional approach to the study of attitudes. *Public Opinion Quarterly, 24,* 163-204.

Keller, L. M., Bouchard, T. J., Arvey, R. D., Segal, N. L., & Dawis, R. V. (1992). Work values: Genetic and environmental influences. *Journal of Applied Psychology, 77,* 79-88.

Kenrick, D. T., Griskevicius, V., Neuberg, S. L., & Schaller, M. (2010). Renovating the pyramid of needs: Contemporary extension built upon ancient foundations. *Perspectives on Psychological Science, 5,* 292-314.

Kesebir, S., Graham, J., & Oishi, S. (2010). A theory of human needs should be human-centered, not animal-centered: Commentary on Kenrick *et al.* (2010). *Perspectives on Psychological Science, 5,* 315-319.

Kluckhohn, C. (1951). Values and value orientations in the theory of action. In T. Parsons, & E. Shils (Eds.), *Toward a general theory of action* (pp. 388--433). Cambridge, MA: Harvard University Press.

Knafo, A., & Spinath, F. M. (2011). Genetic and environmental influences on girls and boys gender-typed and gender-neutral values. *Developmental Psychology, 47*, 726-731.

Knight, K. (2006). Transformations of the concept of ideology in the twentieth century. *American Political Science Review, 100*, 619-626.

Knoppen, D., & Saris, W. (2009). Do we have to combine values in the Schwartz' Human Values Scale? A Comment on the Davidov Studies. *Survey Research Methods, 3*, 91-103.

Kohn, M. L. (1969/1977). *Class and conformity: A study in values*. Chicago, CA: The University of Chicago Press.

Kruglanski, A. W. (2004). *The psychology of closed mindedness*. New York: Psychology Press.

Kuklick, H. (2002). Functionalism. In A. Barnard, & J.Spencer (Eds.), *Encyclopedia of social and cultural anthropology* (pp. 377-384). London: Routledge.

Lakatos, I. (1978). *The methodology of scientific research programmes*. Cambridge: Cambridge University Press.

Laplantine, F. (2003). *Aprender antropologia*. 15a ed. São Paulo: Brasiliense.

Laraia, R. B. (2006). *Cultura: Um conceito antropológico*. Rio de Janeiro: Zahar.

Lauer-Leite, I. D. (2009). *Correlatos valorativos do significado do dinheiro para crianças*. Tese de Doutorado, Instituto de Filosofia e Ciências Humanas, Universidade Federal do Pará, Belém, PA.

Leung, K., & Zhou, F. (2008). Values and social axioms. In R. M. Sorrentino, & S. Yamaguchi (Eds.), *Handbook of motivation and cognition across culture* (pp. 471-490). San Diego, CA: Academic Press.

Levy, S. (1990). Values and deeds. *Applied Psychology: An International Review, 39*, 379-400.

Lima, M. E. O. (1997). *Valores, participação política, atitudes face a democracia e ao autoritarismo: Uma análise da socialização política dos universitários da Paraíba*. Dissertação de Mestrado, Departamento de Psicologia, Universidade Federal da Paraíba, João Pessoa, PB.

Lima, T. J. S. (2012). *Modelos de valores de Schwartz e Gouveia: Comparando conteúdo, estrutura e poder preditivo*. Dissertação de mestrado, Departamento de Psicologia, Universidade Federal da Paraíba, João Pessoa, PB.

Machado, A., Lourenço, O., & Silva, F. J. (2000). Facts, concepts, and theories: The shape of psychology's epistemic triangle. *Behavior and Philosophy, 28*, 1-40.

Maia, L. (2000). *Prioridades valorativas e desenvolvimento moral: Considerações acerca de uma teoria dos valores humanos*. Dissertação de Mestrado, Universidade Federal da Paraíba, João Pessoa, PB.

Maio, G. R. (2010). Mental representations of social values. In M. P. Zanna (Ed.), *Advances in experimental social psychology* (Vol. 42, pp. 1-43). New York: Academic Press.

Malinowski, B. (1922/1976). *Argonautas do pacífico ocidental: Um relato do empreendimento e da aventura dos nativos nos arquipélagos da Nova Guiné melanésia*. São Paulo: Abril Cultural.

Malinowski, B. (1926/2008). *Crime e costume na sociedade selvagem*. 2a ed. Brasília, DF: Editora Universidade de Brasília.

Maltez, J. A. (2003). *Valores*. Recuperado em 11 de janeiro de 2013, de http://www.maltez.info/respublica/topicos/aaletrav/valores.htm.

Marks, G. N. (1997). The formation of materialist and postmaterialist values. *Social Science Research, 26*, 52-68.

Martínez, M. C., Paterna, C., & Gouveia, V. V. (2006). Relevancia del modelo dual de valores en relación con el prejuicio y la intención de contacto hacia exogrupos. *Anales de Psicología, 22*, 243-250.

Marx, M. H., & Hillix, W. A. (2000). *Sistemas e teorias em psicologia*. 12a ed. São Paulo: Cultrix.

Maslow, A. H. (1943a). A theory of human motivation. *Psychological Review*, *50*, 370-396.

Maslow, A. H. (1943b). Preface to motivation theory. *Psychosomatic Medicine*, *5*, 85-92.

Maslow, A. H. (1954). *Motivation and personality*. New York: Harper & Row.

Mata, S. (2006). Heinrich Rickert e a fundamentação (axio)lógica do conhecimento histórico. *Varia Historia*, *22*, 347-367.

Mauss, M. (1950/2003). *Sociologia e antropologia*. São Paulo: Cosac e Naify.

McClelland, D. (1961). *The achieving society*. New York: Free Press.

Medeiros, E. D. (2007). *Correlatos valorativos das atitudes frente ao uso de tatuagem*. Dissertação de Mestrado, Departamento de Psicologia, Universidade Federal da Paraíba, João Pessoa, PB.

Medeiros, E. D. (2011). *Teoria Funcionalista dos Valores Humanos: Testando sua adequação intra e interculturalmente*. Tese de Doutorado, Departamento de Psicologia, Universidade Federal da Paraíba, João Pessoa, PB.

Medeiros, E. D., Gouveia, V. V., Gusmão, E. E. S., Milfont, T. L., Fonsêca, P. N., & Aquino, T. A. A. (2012). Teoria funcionalista dos valores humanos: Evidências de sua adequação no contexto paraibano. *Revista de Administração Mackenzie*, *13*, 18-44.

Mellema, A., & Bassili, J. N. (1995). On the relationship between attitudes and values: Exploring the moderating effects of self-monitoring and self-monitoring schematicity. *Personality and Social Psychology Bulletin*, *21*, 885-892.

Mendes, L. A. C. (2010). *Consumo de serviços postais: Uma explicação pautada nos valores humanos*. Dissertação de Mestrado, Departamento de Psicologia, Universidade Federal da Paraíba, João Pessoa, PB.

Mendez, M. F. (2009). The neurobiology of moral behavior: Review and neuropsychiatric implications. *CNS Spectrums, 14, 608-620.*

Merton, R. K. (1938). *Social structure and anomie. American Sociological Review, 3, 672-682.*

Merton, R. K. (1949/1972). *Teoría y estructura sociales*. México, DF: Fondo de Cultura Económica.

Miceli, M., & Castelfranchi, C. (1989). A cognitive approach to values. *Journal for the Theory of Social Behaviour, 19,* 169-193.

Milbank, J. (2006). *Theology and social theory: Beyond secular reason*. 2nd ed. Malden, MA: Blackwell Publishing.

Milfont, T. L. (2001). *A intenção de constituir família: Suas bases normativas e relacionais*. Dissertação de Mestrado, Universidade Federal da Paraíba, João Pessoa, PB.

Milfont, T. L. (2009). A functional approach to the study of environmental attitudes. *Medio Ambiente y Comportamiento Humano, 10,* 235-252.

Milfont, T. L., Duckitt, J., & Wagner, C. (2010). A cross-cultural test of the value-attitude-behavior hierarchy. *Journal of Applied Social Psychology, 40,* 2791-2813.

Milfont, T. L., Gouveia, V. V., & Da Costa, J. B. (2006). Determinantes psicológicos da intenção de constituir família. *Psicologia: Reflexão e Crítica, 19,* 25-33.

Moll, J., Krueger, F., Zahn, R., Pardini, M., Oliveira-Souza, R., & Grafman, J. (2006). Human fronto-mesolimbic networks guide decisions about charitable donation. *PNAS, 103,* 15623-15628.

Moll, J., Zahn, R., Oliveira-Souza, R., Krueger, F., & Grafman, J. (2005). The neural basis of human moral cognition. *Nature Reviews, 6,* 799-809.

Molpeceres, M. A. (1994). *El sistema de valores: Su configuración cultural y su socialización familiar en la adolescencia*. Tese de Doutorado, Faculdade de Psicologia, Universidade de Valência, Espanha.

Monteiro, R. A. (2009). Influência de aspectos psicossociais e situacionais sobre a escolha alimentar infantil. Tese de Doutorado, Departamento de Psicologia Social, do Trabalho e das Organizações, Universidade de Brasília, Brasília, DF.

Morris, C., & Jones, L. V. (1955). Value scales and dimensions. *The Journal of Abnormal and Social Psychology, 51*(3), 523-535.

Moscovici, S. (1978). *A representação social da psicanálise.* Rio de Janeiro: Zahar.

Mueller, D. J. (1986). *Measuring social attitudes: A handbook for researchers and practitioners.* New York: Teachers College Press.

Mueller, D. J., & Wornhoff, S. A. (1990). Distinguishing personal and social values. *Educational and Psychological Measurement, 50*, 691-699.

Nader, P. (1995). *Filosofia do direito.* 4ª ed. Rio de Janeiro: Forense.

Nakanishi, T. (2002). Critical literature review on motivation. *Journal of Language and Linguistics, 1*, 278-287.

Nascimento, D. A. M. (2012). *Resistência à mudança organizacional: Correlatos valorativos e organizacionais.* Tese de doutorado. Departamento de Psicologia, Universidade Federal da Paraíba, João Pessoa, PB.

Neher, A. (1991). Maslow's theory of motivation: A critique. *Journal of Humanistic Psychology, 31*, 89-112.

Nesse, R. M. (2009). Evolutionary and proximate explanations. In K. Scherer, & D. Sander (Eds), *The Oxford companion to emotion and the affective sciences* (pp. 158-159). Oxford: Oxford University Press.

Noara, C. T. (2007). *A construção dos valores ambientais: Um estudo a partir dos conselhos municipais de meio ambiente no médio vale do Itajaí/SC.* Dissertação de Mestrado, Centro de Ciências Humanas e da Comunicação, Universidade Regional de Blumenau, SC.

O'Shaughnessy, J., & O'Shaughnessy, N. J. (2002). Marketing, the consumer society and hedonism. *European Journal of Marketing, 36*, 524-547.

Olver, J. M., & Mooradian, T. A. (2003). Personality traits and personal values: A conceptual and empirical integration. *Personality and Individual Differences, 35*, 109-125.

Parra, F. (1983). *Elementos para una teoría formal del sistema social: Una orientación crítica.* Madri: Editorial de la Universidad Complutense.

Parsons, T. (1959/1976). *El sistema social*. Madri: Revista de Occidente.

Parsons, T., & Shils, E. A. (1951/1968). Los valores, los motivos y los sistemas de acción. In T. Parsons, & E. A. Shils (Eds.), *Hacia una teoría general de la acción* (pp. 65-311). Buenos Aires: Editorial Kapelusz.

Pessoa, V. S. (2011). *Análise do conhecimento e das atitudes frente às fontes renováveis de energia: Uma contribuição da Psicologia*. Tese de Doutorado, Departamento de Psicologia, Universidade Federal da Paraíba, João Pessoa, PB.

Pasquali, L. (2003). *Psicometria: Teoria dos testes na Psicologia e na educação*. Petrópolis: Vozes.

Penke, L., Denissen, J. J. A., & Miller, G. F. (2007). The evolutionary genetics of personality. *European Journal of Personality, 21*, 549-587.

Pepper, S. C. (1958). *The sources of values*. Berkeley, CA: University of California Press.

Pereira, C., Camino, L., & Costa, J. B. (2004). Análise fatorial confirmatória do Questionário de Valores Psicossociais — QVP24. *Estudos de Psicologia (Natal), 9*, 505-512.

Perrinjaquet, A., Furrer, O., Marguerat, D., Usunier, J. C., & Cestre, G. (2007). A test of circumplex structure of humam values. *Journal of Research in Personality, 41*, 820-840.

Peterson, R. A. (1994). A meta-analysis of Cronbach's coefficient alpha. *Journal of Consumer Research, 21*, 381-391.

Pimentel, C. E. (2004). *Valores humanos, preferência musical, identificação grupal e comportamento anti-social*. Dissertação de Mestrado, Departamento de Psicologia, Universidade Federal da Paraíba, João Pessoa, PB.

Pronk, S. L. S. (2010). *Correlatos da imagem corporal: Uma explicação pautada na auto-imagem e nos valores humanos*. Dissertação de Mestrado, Departamento de Psicologia, Universidade Federal da Paraíba, João Pessoa, PB.

Popper, K. R. (1959/1993). *A lógica da pesquisa científica*. São Paulo: Cultrix.

Queiroga, F., Gouveia, V. V., Coutinho, M. P. L., Pessoa, V. S., & Meira, M. (2006). Intenção de comportamento socialmente responsável do consumidor: sua relação com os valores humanos básicos. *Psico-USF, 11*, 239-248.

Radcliffe-Brown, A. R. (1952/1973). *Estrutura e função na sociedade primitiva*. Petrópolis, RJ: Vozes.

Reale, M. (2002). *Filosofia do Direito*. 19a ed. São Paulo: Saraiva.

Rebollo, I., Herrero, Ó., & Colom, R. (2002). Personality in imprisoned and non-imprisoned people: Evidence from the EPQ-R. *Psichotema, 14*, 540-543.

Reeve, J., & Sickenius, B. (1994). Development and validation of a brief measure of the three psychological needs underlying intrinsic motivation: The AFS scales. *Educational and Psychological Measurement, 54*, 506-515.

Rhee, S. H., & Waldman, I. D. (2002). Genetic and environmental influences on antisocial behavior: A meta-analysis of twin and adoption studies. *Psychological Bulletin, 3*, 490-529.

Ribas, F. T. T. (2010). *Somos fruto da nossa socialização: A influência dos valores humanos no comprometimento organizacional*. Dissertação de Mestrado, Departamento de Administração, Universidade Federal de Santa Maria, Santa Maria, RS.

Ritzer, G. (2010). *Sociological theory*. 8a ed. New York: McGraw-Hill.

Roccas, S., Savig, L., Schwartz, S. H., & Knafo, A. (2002). The big five personality factors and personal values. *Personality and Social Psychology Bulletin, 28*, 789-801.

Rohan, M. J. (2000). A rose by any name? The values construct. *Personality and Social Psychology Review, 4*, 255-277.

Rohan, M. J., & Zanna, M. P. (2003). Values and ideologies. In A. Tesser & N. Schwartz (Eds.), *Blackwell handbook of social psychology: Intraindividual processes* (pp. 458-478). Oxford: Blackwell Publishers.

Rokeach, M. (1973). *The nature of human values*. New York: Free Press.

Rokeach, M. (1979). The two-value model of political ideology and British politics. In M. Rokeach (Org.), *Understanding human values: Individual and societal* (pp. 192-196). New York: Free Press.

Romero, E., Sobral, J., Luengo, M. A., & Marzoa, J. A. (2001). Values and antisocial behavior among Spanish adolescents. *The Journal of Genetic Psychology, 162*, 20-40.

Ronen, S. (1994). An underlying structure of motivational need taxionomies: A cross-cultural confirmation. In H. C. Triandis, M. D. Dunnette, & I. M. Hough (Eds.), *Handbook of industrial and organizational psychology* (Vol. 4, pp. 241-269). Palo Alto, CA: Consulting Psychologists Press.

Ros, M., & Gómez, A. (1997). Valores personales individualistas y colectivistas y su relación con la autoestima colectiva. *Revista de Psicología Social, 12*, 179-198.

Ros, M., & Gouveia, V. V. (2001). *Psicología social de los valores humanos: Desarrollos teóricos, metodológicos y aplicados.* Madri: Editorial Biblioteca Nueva.

Ros, M., & Gouveia, V. V. (2006). *Psicologia social dos valores humanos: Desenvolvimentos teóricos, metodológicos e aplicados.* São Paulo: Senac.

Rudy, D., & Grusec, J. E. (2001). Correlates of authoritarian parenting in individualist and collectivist cultures and implications for understanding the transmission of values. *Journal of Cross-Cultural Psychology, 32*, 202-212.

Santos, C. A. (2007). *Atributos da sexualidade feminina e prioridades valorativas.* Dissertação de Mestrado, Departamento de Psicologia, Universidade Federal da Paraíba, João Pessoa, PB.

Santos, W. S. (2008). *Explicando comportamentos socialmente desviantes: Uma análise do compromisso convencional e afiliação social.* Tese de Doutorado, Universidade Federal da Paraíba, João Pessoa, PB.

Scarpati, A. S. (2013). *Os mitos de estupro e a (im)parcialidade jurídica. A percepção de estudantes de direito sobre mulheres vítimas de violência sexual.*

Dissertação de mestrado. Departamento de Psicologia Social, Universidade Federal do Espírito Santo, ES.

Schermer, J. A., Feather, N. T., Zhu, G., & Martin, N. G. (2008). Phenotypic, genetic, and environmental properties of the Portrait Values Questionnaire. *Twin Research and Human Genetic, 11*, 531-537.

Schermer, J. A., Vernon, P. A., Maio, G. R., & Jang, K. L. (2011). A behavior genetic study of the connection between social values and personality. *Twin Research and Human Genetics, 14*, 233-239.

Schmitt, M., Gollwitzer, M., Maes, J., & Arbach, D. (2005). Justice sensitivity: Assessment and location in the personality space. *European Journal of Psychological Assessment, 21*, 202-211.

Schneider, J. O. (2001). *Transmissão de valores de pais para filhos: Dimensões do desejável e do perceptível*. Dissertação de Mestrado, Universidade Federal da Paraíba, João Pessoa, PB.

Schwartz, S. H. (1992). Universals in the context and structure of values: Theoretical advances and empirical tests in 20 countries. In M. Zanna (Ed.), *Advances in experimental social psychology* (Vol. 25, pp. 1-65). Orlando, FL: Academic Press.

Schwartz, S. H. (1994). Are there universal aspects in the structure and contents of human values? *Journal of Social Issues, 50*, 19-45.

Schwartz, S. H. (2005). Validade e aplicabilidade da teoria dos valores. In A. Tamayo, & J. B. Porto (Eds.), *Valores e comportamentos nas organizações* (pp. 56-95). Petrópolis, RJ: Vozes.

Schwartz, S. H. (2006). Les valeurs de base de la personne: Théorie, mesures et applications [Basic human values: Theory, measurement, and applications]. *Revue Française de Sociologie, 47*, 249-288.

Schwartz, S. H., & Bardi, A. (2001). Value hierarchies across cultures: Taking a similarities perspective. *Journal of Cross-Cultural Psychology, 32*, 268-290.

Schwartz, S. H., & Bilsky, W. (1987). Toward a universal psychological structure of human values. *Journal of Personality and Social Psychology, 53*, 550-562.

Schwartz, S. H., & Bilsky, W. (1990). Toward a theory of the universal content and structure of values: Extensions and cross-cultural replications. *Journal of Personality and Social Psychology, 58*, 878-891.

Schwartz, S. H., Cieciuch, J., Vecchione, M., Davidov, E., Fischer, R., Beierlein, C., Ramos, A., Verkasalo, M., Lönnqvist, J.-E., Demirutku, K., Dirilen-Gumus, O., & Konty, M. (2012). Refining the Theory of Basic Individual Values. *Journal of Personality and Social Psychology*. doi: 10.1037/a0029393

Schwartz, S. H., & Ros, M. (1995). Values in the west: A theoretical and empirical challenge to the individualism-collectivism cultural dimension. *World Psychology, 1*, 91-122.

Schwartz, S. H., & Rubel, T. (2005). Sex differences in value priorities: Cross--cultural and multimethod studies. *Journal of Personality and Social Psychology, 89*, 1010-1028.

Schwartz, S. H., & Sagie, G. (2000). Value consensus and importance: A cross-national study. *Journal of Cross-Cultural Psychology, 31*, 465-497.

Schwartz, S. H., & Sagiv, L. (1995). Identifying culture-specifics in the content and structure of values. *Journal of Cross-Cultural Psychology, 26*, 92-116.

Schwartz, S. H., Verkasalo, M., Antonovsky, A., & Sagiv, L. (1997). Value priorities and social deseability: Much substance, some style. *British Journal of Social Psychology, 36*, 3-18.

Sciulli, D., & Gerstein, D. (1985). Social theory and Talcott Parsons in the 1980. *Annual Review of Sociology, 11*, 369-387.

Serrano, G. (1984). Problemática psicosocial de los valores humanos. *Boletín de Psicología, 3*, 9-46.

Shavitt, S., & Nelson, M. R. (2000). The social identity function in person perception: Communicated meanings of product preferences. In G. R. Maio, & J. M. Olson (Eds.), *Why we evaluate: Function of attitudes* (pp. 37-58). Mahwah, NJ: Lawrence Erlbaum.

Shye, S., & Elizur, D. (1994). *Introduction to facet theory: Content design and intrinsic data analysis in behavior research.* Thousand Oaks, CA: Sage Publications.

Silva Filho, S. B. (2001). *Valores e dimensões do trabalho: Um estudo em diferentes contextos de escassez.* Dissertação de Mestrado, Departamento de Psicologia, Universidade Federal da Paraíba, João Pessoa, PB.

Sinha, D., & Tripathi, R. C. (1994). Individualism in a collectivist culture: A case of coexistence of opposites. In U. Kim, H. C. Triandis, Ç. Kagitçibasi, S.-C. Choi, & G. Yoon (Eds.), *Individualism and collectivism: Theory, method, and applications* (pp. 123-136). Thousand Oaks, CA: Sage Publications.

Siqueira, E. D. (2007). *Antropologia: Uma introdução.* Florianópolis, SC: SEaD / UFSC.

Škerlavaj, M., & Dimovski, V. (2009). Organizational learning and performance in two national cultures: A multi-group structural equation modeling approach. In W. R. King (Ed.), *Knowledge management and organizational learning* (Vol. 4, pp. 321-366). New York: Springer.

Smith, A. (1759/1999). *A teoria dos sentimentos morais.* São Paulo: Martins Fontes.

Smith, P. B., & Schwartz, S. H. (1997). Values. In J. W. Berry, M. H. Segall, & C. Kabitçibasi (Eds.), *Handbook of cross-cultural psychology* (Vol. 3, pp. 77-118). Boston, MA: Allyn & Bacon.

Soares, A. K. S. (2013). *Valores humanos e* bullying. *Um estudo pautado na congruência entre pais e filhos.* Dissertação de mestrado. Departamento de Psicologia, Universidade Federal da Paraíba, PB.

Sommerhalder, C. (2010). Sentido de vida na fase adulta e velhice. *Psicologia: Reflexão e Crítica, 23,* 270-277.

REFERÊNCIAS

Souza, L. E. C. (2012). *Medindo valores com parcelas de itens: Contribuições à teoria funcionalista dos valores.* Dissertação de Mestrado, Departamento de Psicologia, Universidade Federal da Paraíba, João Pessoa, PB.

Souza, M. G. T. C. (2010). *Condicionantes psicológicos do homicídio.* Dissertação de Mestrado, Departamento de Psicologia, Universidade Federal de Pernambuco, Recife, PE.

Spencer, H. (1900). *The principles of sociology.* New York: D. Appleton and Company.

Srivastava, S., John, O. P., Gosling, S. D., & Potter, J. (2003). Development of personality in early and middle adulthood: Set like plaster or persistent change? *Journal of Personality and Social Psychology, 84,* 1041-1053.

Steger, M. F., Hicks, B. M., Kashdan, T. B., Krueger, R. F., & Bouchard Jr., T. J. (2007). Genetic and environmental influences on the positive traits of the values in action classification, and biometric covariance with normal personality. *Journal of Research in Personality, 41,* 524-539.

Šubrt, J. (2001). The problem of time from the perspective of the social sciences. *Czech Sociological Review, 9,* 211-224.

Tamayo, A. (1988). Influência do sexo e da idade sobre o sistema de valores. *Arquivos Brasileiros de Psicologia, 38,* 91-104.

Tamayo, A. (1997). Os valores do brasileiro: Uma década de pesquisa. *Cadernos de Psicologia, 1,* 115-134.

Tamayo, A., & Porto, J. B. (2009). Validação do Questionário de Perfis de Valores (QPV) no Brasil. *Psicologia: Teoria e Pesquisa, 25,* 369-376.

Tetlock, P. E. (2002). Social functionalist frameworks for judgment and choice: Intuitive politicians, theologians, and prosecutors. *Psychological Review, 109,* 451-471.

Thio, A. (2005). *Sociology: A brief introduction.* 6a ed. Boston, MA: Allyn & Bacon.

Tocqueville, A. (1888/1987). *A democracia na América.* 4a ed. Belo Horizonte, MG: Itatiaia.

Tönnies, F. (1887/1979). *Comunidad y asociación*. Barcelona: Ediciones Península.

Tooby, J., & Cosmides, L. (1990). The past explains the present: Emotional adaptations and the structure of ancestral environments. *Ethology and Sociobiology, 11*, 375-424.

Torregrosa, J. R. (1994). Orientaciones internacionales de los españoles: Entre Europa e Iberoamérica. In J. Díez-Nicolás, & R. Inglehart (Eds.), *Tendencias mundiales de cambio en los valores sociales y políticos* (pp. 723-734). Madri: Fundesco.

Triandis, H. C. (1988). Cross-cultural contributions to theory in social psychology. In M. H. Bond (Ed.), *The cross-cultural challenge to social psychology* (pp. 122-140). Newbury Park, CA: Sage Publications.

Triandis, H. C. (1995). *Individualism and collectivism*. Boulder, CO: Westview Press.

Tripathi, R. C. (1990). Interplay of values in the functioning of Indian organizations. *International Journal of Psychology, 25*, 715-734.

Ungerer, L. M., & Joubert, J. P. R. (2011). The use of personal values in living standards measures. *Southern African Business Review, 15*, 97-121.

Urban, W. M. (1907). Recent tendencies in the psychological theory of values. *Psychological Bulletin, 4* (3), 65-72.

van de Vijver, F., & Leung, K. (1997). *Methods and data analysis for cross-cultural research*. Thousand Oaks, CA: Sage Publications.

van den Berghe, P. L. (1963). Dialectic and functionalism: Toward a theoretical synthesis. *American Sociological Review, 28*, 695-705.

Varela, J. A. (1974). *Soluções psicológicas para problemas sociais: Uma introdução à tecnologia social*. São Paulo: Cultrix/Editora da Universidade de São Paulo.

Vasconcelos, T. C. (2004). *Personalidade, valores e condutas anti-sociais de jovens*. Dissertação de Mestrado, Departamento de Psicologia, Universidade Federal da Paraíba, João Pessoa, PB.

Verkasalo, M., Lonnqvist, J. E., Lipsanen, J., & Helkama, K. (2009). European norms and equations for a two dimensional presentation of values as measured with Schwartz's 21 item Portrait Values Questionnaire. *European Journal of Social Psychology, 39*, 780-792.

Verplanken, B., & Holland, B. W. (2002). Motivated decision making: Effects of activation and self-centrality of values on choices and behavior. *Journal of Personality and Social Psychology, 82*, 434-447.

Villasanz, B. (1991). *La construcción de la identidad japonesa*. Tese de Doutorado, Faculdade de Ciências Políticas e Sociologia, Universidade Complutense de Madri, Espanha.

Vione, K. C. (2012). *As prioridades valorativas mudam com a idade? Testando as hipóteses de rigidez e plasticidade*. Dissertação de Mestrado, Departamento de Psicologia, Universidade Federal da Paraíba, João Pessoa, PB.

Vul, E., Harris, C., Winkielman, P., & Pashler, H. (2009). Puzzlingly high correlations in fMRI studies of emotion, personality, and social cognition. *Perspectives on Psychological Science, 4*, 274-290.

Waege, H., Billiet, J., & Pleysier, S. (2000). Validation by means of method variations: A CFA approach to the SSA-value-typology of Schwarz. In A. Ferligoj., & A. Mrvar (Orgs.), *Developments in survey methodology* (pp. 55--74). Ljubjana, Eslovênia: FDV.

Waller, N. G., Kojetin, B. A., Bouchard, T. J., Jr., Lykken, D. T., & Tellegen, A. (1990). Genetic and environmental influences pm religious interests, attitudes, and values: A study of twins reared apart an together. *Psychological Science, 1*, 138-142.

Welzel, C., & Inglehart, R. (2010). Values, agency, and well-being: A human development model. *Social Indicators Research, 97*, 43-63.

Welzel, C., Inglehart, R., & Klingemann, H. D. (2003). The theory of human development: A cross-cultural analysis. *European Journal of Political Research, 42*, 341-379.

White, J. M., & Klein, D. M. (2008). *Family theories*. 3a ed. Los Angeles, CA: Sage Publications.

Williams, L. A. (2009). *Developing a functional view of pride in the interpersonal domain*. Department of Psychology, Northeastern University, Boston, Massachusetts.

Winick, C. (1969). *Diccionario de antropología*. Buenos Aires, Argentina: Ediciones Troquel.

Wolfradt, U., & Dalbert, C. (2003). Personality, values and belief in a just world. *Personality and Individual Differences, 35*, 1911-1918.

Woodworth, R. S. (1921). *Psychology: A study of mental life*. New York: Henry Holt and Company.

Yamagata, S., Suzuki, A., Ando, J., Ono, Y., Kijima, N., Yoshimura, K., Ostendorf, F., Angleitner, A., Livesley, W. J., & Jang, K. L. (2006). Is the genetic structure of human personality universal? A cross-cultural twin study from North America, Europe, and Asia. *Journal of Personality and Social Psychology, 90*, 987-998.

Yang, K.-S. (1988). Will societal modernization eventually eliminate cross-cultural psychological differences? In M. H. Bond (Ed.), *The cross-cultural challenge to social psychology* (pp. 67-85). Newbury Park, CA: Sage Publications.

Yilmaz, E. (2011). An investigation of teachers' loneliness in the workplace in terms of human values they possess. *African Journal of Business Management, 5*, 5070-5075.

Zahn, R., Moll, J., Krueger, F., Huey, E. D., Garrido, G., & Grafman, J. (2007). Social concepts are represented in the superior anterior temporal cortex. *PNAS, 104*, 6430-6435.

Zijderveld, A. C. (2006). *Rickert's relevance. The ontological nature and epistemological functions of values*. Leiden, The Netherlands: Brill.

APÊNDICE

QUESTIONÁRIO DOS VALORES BÁSICOS – QVB

Por favor, leia atentamente a lista de valores descritos a seguir, considerando seu conteúdo. Utilizando a escala de resposta abaixo, escreva um número ao lado de cada valor para indicar em que medida o considera importante como um **princípio que guia sua vida**.

1	2	3	4	5	6	7
Totalmente não importante	Não importante	Pouco importante	Mais ou menos importante	Importante	Muito importante	Extremamente importante

01.____**APOIO SOCIAL**. Obter ajuda quando a necessite; sentir que não está só no mundo.

02.____**ÊXITO**. Obter o que se propõe; ser eficiente em tudo que faz.

03.____**SEXUALIDADE**. Ter relações sexuais; obter prazer sexual.

04.____**CONHECIMENTO**. Procurar notícias atualizadas sobre assuntos pouco conhecidos; tentar descobrir coisas novas sobre o mundo.

05.____**EMOÇÃO**. Desfrutar desafiando o perigo; buscar aventuras.

06.____**PODER.** Ter poder para influenciar os outros e controlar decisões; ser o chefe de uma equipe.

07.____**AFETIVIDADE.** Ter uma relação de afeto profunda e duradoura; ter alguém para compartilhar seus êxitos e fracassos.

08.____**RELIGIOSIDADE.** Crer em Deus como o salvador da humanidade; cumprir a vontade de Deus.

09.____**SAÚDE.** Preocupar-se com sua saúde antes mesmo de ficar doente; não estar enfermo.

10.____**PRAZER.** Desfrutar da vida; satisfazer todos os seus desejos.

11.____**PRESTÍGIO.** Saber que muita gente lhe conhece e admira; quando velho receber uma homenagem por suas contribuições.

12.____**OBEDIÊNCIA.** Cumprir seus deveres e obrigações do dia a dia; respeitar seus pais, os superiores e os mais velhos.

13.____**ESTABILIDADE PESSOAL.** Ter certeza de que amanhã terá tudo o que tem hoje; ter uma vida organizada e planificada.

14.____**CONVIVÊNCIA.** Conviver diariamente com os vizinhos; fazer parte de algum grupo, como: social, religioso, esportivo, entre outros.

15.____**BELEZA.** Ser capaz de apreciar o melhor da arte, música e literatura; ir a museus ou exposições onde possa ver coisas belas.

16.____**TRADIÇÃO.** Seguir as normas sociais do seu país; respeitar as tradições da sua sociedade.

17.____**SOBREVIVÊNCIA.** Ter água, comida e poder dormir bem todos os dias; viver em um lugar com abundância de alimentos.

18.____**MATURIDADE.** Sentir que conseguiu alcançar seus objetivos na vida; desenvolver todas as suas capacidades.

Impresso por :

Graphium
gráfica e editora

Tel.:11 2769-9056